रहीम दोहावली

इस श्रृंखला की पुस्तकें

रहीम दोहावली

सं. वाग्देव

प्रकाशक

प्रभात प्रकाशन प्रा. लि.

4/19 आसफ अली रोड, नई दिल्ली-110002

फोन : 011-23289777 • हेल्पलाइन नं. : 7827007777

इ-मेल : prabhatbooks@gmail.com ❖ वेब ठिकाना : www.prabhatbooks.com

संस्करण

2026

पेपरबैक मूल्य

तीन सौ रुपए

मुद्रक

नरुला प्रिंटर्स, दिल्ली

---★---

RAHEEM DOHAWALI
Ed. Vagdev

Published by **PRABHAT PRAKASHAN PVT. LTD.**
4/19 Asaf Ali Road, New Delhi-110002

ISBN 978-93-5048-040-3

₹ 300.00 (PB)

अपनी बात

रहीम को अधिकतर लोग कवि के रूप में जानते हैं; लेकिन कविता ने उनका दूसरा पक्ष आवृत कर लिया हो, वस्तुत: ऐसा नहीं है। रहीम का व्यक्तित्व बहुआयामी था—एक ओर वे वीर योद्धा, सेनापति, चतुर राजनीतिज्ञ और कूटनीतिज्ञ थे तो दूसरी ओर कवि-हृदय, कविता-मर्मज्ञ, उदारचित्त, उत्कट दानी, मानवीयता आदि गुणों से ओत-प्रोत थे।

चार साल की उम्र में ही रहीम के पिता बैरम खाँ की हत्या कर दी गई। इसके बाद अकबर ने उन्हें धर्मपुत्र के रूप में पाला। आगे चलकर अपने शौर्य और बुद्धि-बल के दम पर रहीम ने अकबर के नौ रत्नों में अपनी जगह बनाई।

रहीम ने तीन मुगल बादशाहों—अकबर, जहाँगीर और शाहजहाँ—के साथ कार्य किया और वे सभी के प्रिय रहे। बीच में जहाँगीर से उनकी क्षणिक अनबन भी हुई और उनकी 'खानखाना' की उपाधि, उनकी सत्ता भी छीन ली गई, तब राजा-तुल्य जीवन से उन्हें फकीर बन जाना पड़ा था। उस दौरान उन्होंने जो काव्य-रचना की, उसमें उनके दर्द को छलकता देखा जा सकता है। यथा—

अब रहीम चुप करि रहउ, समुझि दिनन कर फेर।
जब दिन नीके आइ हैं, बनत न लगिहै देर॥

और ऐसा ही हुआ भी। शीघ्र ही उनके अच्छे दिन फिर लौटे, जब जहाँगीर को अपनी भूल का एहसास हुआ और उसने उनकी उपाधि व रुतबा लौटा दिया।

रहीम का जीवन तेज घटनाक्रम से भरा रहा। चार वर्ष की उम्र में पिता असमय बिछड़ गए। तीन पुत्र युवावस्था में ही एक-एक कर गुजर गए। एक धर्मपुत्र फहीम युद्ध में मारा गया। इसके बाद उपाधि और जागीरदारी छिन गई। इस प्रकार 72 वर्ष का उनका जीवन बारंबार कसौटी पर कसा गया। और इस रस्साकशी ने उन्हें इस कदर तोड़कर रख दिया कि अंत समय में लौटी उपाधि और सत्ता का भी वे उपभोग नहीं कर सके। अंततोगत्वा 16 दिसंबर, 1556 को लाहौर में जनमे अब्दुर्रहीम खानखाना का निधन संन् 1627 में दिल्ली में हुआ। उन्हें दिल्ली में हुमायूँ की कब्र के निकट ही दफना दिया गया। इस प्रकार, एक युग का अंत हो गया।

इस पुस्तक में उसी युग-पुरुष के जीवन-वृत्त और काव्य संसार पर प्रकाश डाला गया है। हमें आशा है, यह सामग्री निश्चित ही पाठकोपयोगी होगी और अब्दुर्रहीम खानखाना उर्फ रहीम के बारे में उनकी जिज्ञासा को शांत करेगी।

विषय-सूची

अब्दुर्रहीम खानखाना

रहीम को मध्य युग के प्रमुख भक्त कवियों में गिना जाता है। जन्म से भले ही वे मुसलमान हों, लेकिन कर्म से सर्वधर्म समभाव की जीवंत मिसाल थे। विशेषकर हिंदू धर्म से उन्हें बहुत लगाव था। इसे उनके दोहों और पदावलियों को पढ़कर जाना जा सकता है, यथा—

राम नाम जान्यो नहीं, भइ पूजा में हानि।
कहि रहीम क्यों मानि हैं, जम के किंकरकानि॥

और

मान सहित विष खाय के, संभु भए जगदीस।
बिना मान अमृत पिए, राहु कटायो सीस॥

इन दोहों को पढ़कर समझा जा सकता है कि हिंदू धार्मिक ग्रंथों का उन्होंने गहन अध्ययन किया था। यही कारण था कि अरबी व फारसी के साथ हिंदी, संस्कृत आदि भाषाओं पर भी उनकी गहरी पकड़ थी। उन्होंने संस्कृत और हिंदी की खड़ीबोली में जो काव्य-सृजन किया, उसमें भगवान् राम, कृष्ण, विष्णु और गंगा आदि का बारंबार उल्लेख आता है।

रहीम कवि ही नहीं, एक सफल सेनानायक, महादानी और कुशल

ज्योतिषी भी थे। ज्योतिष पर उन्होंने 'खेट कौतुक जातकम्' नामक एक ग्रंथ भी लिखा था। इसके अलावा मदनाष्टक, रास पंचाध्यायी, रहीम रत्नावली, रहीम विलास, रहिमन शतक, रहिमन चंद्रिका आदि उनके अन्य प्रमुख ग्रंथ हैं, जिनमें उनके दोहे और पद संकलित हैं।

रहीम की सर्वगुण-क्षमता से प्रभावित होकर सम्राट् अकबर ने उन्हें अपने नौ-रत्नों में शामिल किया और 'खानखाना' की उपाधि से अलंकृत किया।

□

आरंभिक जीवन

रहीम का जन्म लाहौर (अब पाकिस्तान में) में 17 दिसंबर, सन् 1556 को हुआ। उनकी माता का नाम सुल्ताना बेगम था। पिता बैरम खाँ मुगल बादशाह हुमायूँ के सेनापति और विश्वासपात्र थे। हुमायूँ की मृत्यु के समय उसका पुत्र अकबर केवल तेरह वर्ष का था। मरते-मरते हुमायूँ ने बैरम खाँ को अकबर का संरक्षक बना दिया था। इस प्रकार, बैरम खाँ की मुगल शासन में अहमियत और बढ़ गई।

बैरम खाँ के नेतृत्व में किशोर अकबर ने अनेक महत्त्वपूर्ण युद्ध जीते और मुगल साम्राज्य के विस्तार की नींव रखी। बाद में बैरम खाँ से अकबर के मतभेद हो गए। बैरम खाँ ने विद्रोह कर दिया, जिसे अकबर ने सफलतापूर्वक कुचल दिया। बैरम खाँ को कैदी बनाकर अकबर के सामने लाया गया तो अकबर ने उन्हें हज पर जाने की सलाह दी। हज पर जाते हुए वे गुजरात के पाटन शहर में ठहरे। वहाँ एक अफगान सरदार मुबारक खाँ ने धोखे से उनकी हत्या कर दी। इस प्रकार, अल्प काल में ही रहीम के सिर से पिता का साया उठ गया।

अकबर ने नेक-नीयती दिखाते हुए विधवा सुल्ताना बेगम को दरबार में बुलवाया और राजकीय शरण में रखने का हुक्म दिया। उन्होंने

रहीम को अपना धर्म-पुत्र बना लिया और कुछ दिनों बाद विधवा सुल्ताना बेगम से विधिवत् विवाह कर लिया। शाही खानदान की परंपरा के अनुसार अकबर ने रहीम को 'मिर्जा खाँ' की उपाधि से भी अलंकृत किया।

शिक्षा

रहीम की शिक्षा उदार धार्मिक वातावरण में हुई। अकबर की उदार धर्मनिरपेक्ष नीति ने उनकी शिक्षा को गंगा-जमुनी संस्कृति से ओत-प्रोत कर दिया। यही कारण है कि उनकी रचनाओं में यत्र-तत्र-सर्वत्र हिंदू संस्कृति की छाप दृष्टिगोचर होती है।

विवाह

अकबर एक चतुर कूटनीतिज्ञ था। वह शत्रुता को मित्रता से काटने का हामी था। इसी राह पर आगे बढ़ते हुए उसने माहबानो से रहीम का विवाह करवा दिया। उस समय रहीम की उम्र लगभग सोलह साल थी। उनकी नई-नवेली बेगम उनके पिता बैरम खाँ के कट्टर विरोधी मिर्जा अजीज कोका की बहन थी। अकबर ने युक्ति से इस कटुता को समाप्त करवा दिया।

□

प्रशासक व सेनापति रहीम

सुशासन व शौर्य के गुण रहीम को विरासत में मिले थे। अकबर ने रहीम की इस विशेषता को परख लिया था। उनकी परीक्षा लेने के लिए उसने उन्हें कई जोखिम भरे काम सौंपे, जिनमें वे खरे उतरे। इस प्रकार, सोलह वर्ष की आयु में ही उन्हें अकबर के दरबार में विशेष स्थान हासिल हो गया था।

सन् 1573 में गुजरात में बागियों ने बगावत कर दी। सम्राट् अकबर ने इस बगावत को कुचलने के लिए दल-बल सहित बागियों पर धावा बोल दिया। उस समय रहीम सत्रह वर्ष के थे। उन्हें सेना की मध्य कमान की बागडोर सौंपी गई। इस युद्ध में रहीम ने कुशल रण-कौशल का प्रदर्शन किया और अकबर को जीत हासिल हुई। बगावत को सख्ती से कुचल दिया गया।

गुजरात एक संपन्न इलाका था। वहाँ से अकबर को लगभग 50 लाख रुपए वार्षिक मिलता था। कमजोर प्रशासक के चलते बागियों ने वहाँ सिर उठाया था। अतः इस बार अकबर वहाँ किसी मजबूत और होशियार व्यक्ति को नियुक्त करना चाहता था। रहीम में उसे वे सारे गुण दिखाई दिए। गुजरात में वह उनका रण-कौशल भी देख चुका था। फिर

रहीम उसके धर्म-पुत्र और विश्वस्त भी थे। अस्तु, काफी सोच-विचारकर उसने मिर्जा खाँ उर्फ अब्दुर्रहीम खाँ को गुजरात प्रांत का सूबेदार बना दिया। रहीम कई वर्ष तक इस पद पर कुशलता से काम करते रहे।

अकबर और महाराणा प्रताप के बीच हुई प्रसिद्ध हल्दीघाटी की लड़ाई में भी रहीम ने महत्त्वपूर्ण योगदान दिया। उन्होंने दो साल दिन-रात युद्धक्षेत्र में ही बिताए और विजय मिलने के बाद ही वहाँ से लौटे।

बाद में अकबर ने रहीम को 'मिरअर्ज' के पद पर नियुक्त किया। जो व्यक्ति जनता और राजा दोनों का विश्वस्त होता था, उसी को यह पद मिलता था। जनता 'मिरअर्ज' के माध्यम से ही सम्राट् तक अपनी फरियाद पहुँचाती थी और उसी के माध्यम से उसे उसका जवाब मिलता था। इस प्रकार यह एक महत्त्वपूर्ण पद था। रहीम को यह पद मिलने से अनेक लोग उनसे ईर्ष्या करने लगे थे, क्योंकि उनकी निगाहें भी इस पद पर थीं।

रहीम अकबर के पुत्र शाहजादे सलीम (जहाँगीर) के संरक्षक भी रहे।

इस प्रकार, रहीम एक बहुआयामी व्यक्तित्व के स्वामी थे। वे कवि के साथ-साथ एक कुशल सेनापति, वीर सैनिक, नीतिज्ञ, भाषाविद्, कला-पारखी, कुशल प्रशासक, अच्छे घुड़सवार, सटीक तीरंदाज, आश्रयदाता और महान् दानवीर थे।

□

दानवीर रहीम

रहीम की दानवीरता के किस्से इतिहास में स्वर्णाक्षरों में दर्ज हैं। उनसे कोई कुछ माँगे, वे तो बिना माँगे ही दे देते थे। दान-धर्म उनक़ा दैनिक नियम था।

एक बार एक युद्ध में जीत के फलस्वरूप 75 लाख का माल उनके हाथ लगा। वह पूरा माल उन्होंने सैनिकों में बँटवा दिया। केवल दो ऊँट खुद रखे।

रहीम कवियों के भी बड़े आश्रयदाता थे। उनके दरबार में कवियों का ताँता लगा रहता था। इनमें हिंदू कवियों की संख्या मुसलमान कवियों से ज्यादा होती थी।

रहीम ने गंग कवि को तो उनकी एकमात्र छोटी सी कविता के लिए ही पुरस्कार-स्वरूप 36 लाख रुपए दे दिए थे।

एक फारसी कवि मजीरी ने एक बार दरबार में आकर रहीम से कहा कि उसने एक लाख की रकम अब तक नहीं देखी है। रहीम ने उसे फौरन डेढ़ लाख रुपए दान-पुरस्कार के रूप में दे दिए।

एक कवि की नितांत नई रचना को सुनकर रहीम इतने प्रभावित हुए कि उन्होंने उस कवि से पूछा, ''इनसान की उम्र कितनी होती है ?''

कवि ने उत्तर दिया, "सौ साल।"

रहीम ने पूछा, "तुम्हारी उम्र कितनी है?"

कवि ने जवाब दिया, "पैंतीस साल।"

रहीम ने अपने खजांची से कहा कि इनकी बाकी पैंसठ साल की उम्र के लिए पाँच रुपए प्रतिदिन के हिसाब से जितना भी धन बनता हो, फौरन दे दिया जाए।

दान देते समय रहीम अपनी आँखें नीची कर लेते थे। गंग कवि ने इसका कारण पूछा—

सीखे कहाँ नवाजत, ऐसी देनी देन।
ज्यों-ज्यों कर ऊँचो करो, त्यों-त्यों नीचे नैन॥

रहीम ने उत्तर दिया—

देनहार कोई और है भेजत सो दिन-रैन।
लोग भरम हम पर धरैं, याते नीचे नैन॥

एक बार एक बुढ़िया रहीम के पास आई और लोहे के तवे को उनके शरीर से रगड़ने लगी। रहीम ने तवे के वजन के बराबर सोना तुलवाकर उसे दे दिया। लोगों के पूछने पर रहीम बोले, "अमीरों और बादशाहों को लोग पारस समझते हैं। वह उसी की परीक्षा ले रही थी।"

□

अंतिम समय

27 अक्तूबर, 1605 को अकबर की मृत्यु के पश्चात् शाहजादा सलीम जहाँगीर के नाम से सिंहासनारूढ़ हुआ। तब उसने भी अपने पिता अकबर की भाँति रहीम को सम्मान और पद पर बहाल रखा।

आघात

62 वर्ष की आयु में रहीम दक्षिण भारत के प्रशासक नियुक्त किए गए। इसी दौरान एक के बाद एक आई मुसीबतों ने उन्हें तोड़कर रख दिया। सन् 1618 में उनका युवा पुत्र मिर्जा ऐरच नशे की अधिकता से मर गया। वह एक उत्कृष्ट लड़ाका और चतुर सेनानायक था। इसके दो वर्ष बाद ही छोटा पुत्र रहमान दाद एक युद्ध-विजय से लौटते हुए बीमारी से मर गया।

इन आघातों के कारण रहीम इतने टूट चुके थे कि दक्षिण की किलेबंदी उनके हाथ से खिसकने लगी। उनके विरोधी सम्राट् जहाँगीर के कान भरने लगे। इसी बीच जहाँगीर की बेगम नूरजहाँ ने सियासत में दिलचस्पी लेना आरंभ कर दिया था। धीरे-धीरे सभी प्रमुख फैसलों पर उसकी मुहर लगने लगी और वह एक निरंकुश शासिका बनकर उभरी।

वह अपने सौतेले पुत्र शाहजहाँ की तुलना में छोटे शाहजादे शहरयार को अधिक अहमियत देने लगी थी, जो उसका दामाद भी था। इससे खफा होकर शाहजादा खुर्रम उर्फ शाहजहाँ ने सम्राट् जहाँगीर के विरुद्ध विद्रोही तेवर दिखाने आरंभ कर दिए। कुछ परिस्थितियाँ ऐसी बनीं कि रहीम को शाहजहाँ का साथ देना पड़ा। इसकी खबर रहीम के विरोधियों ने जहाँगीर और नूरजहाँ तक पहुँचा दी।

कैद

इधर समय का चक्र ऐसा घूमा कि जिस शाहजहाँ का साथ देने के कारण बादशाह जहाँगीर ने रहीम को विश्वासघाती करार दे दिया था, उसी शाहजहाँ ने अपने विरुद्ध षड्यंत्र रचने के जुर्म में रहीम और उनके पुत्र दाराब खाँ को कैद में डाल दिया। बाद में सुलह–सफाई से मामला सुलझाया गया और दोनों को छोड़ दिया गया। लेकिन अब तक रहीम सबकी आँखों की किरकिरी बन चुके थे। उनकी सत्ता छिन चुकी थी और दानी रहीम स्वयं औरों के रहमो–करम पर जीने लगे थे। इसी दौरान उन्होंने जिन दोहों की रचना की, उनमें उनका दर्द छलकता देखा जा सकता है, यथा—

दुरदिन परे रहीम कहि, भूलत सब पहिचानि।
सोच नहीं वित हानि को, जो न होय हित हानि॥

और

ये रहीम दर–दर फिरहिं, माँगि मधुकरी खाहिं।
यारो यारी छोड़िए, वे रहीम अब नाहिं॥

सन् 1625 में जहाँगीर को फिर सद्बुद्धि आ गई। उसने रहीम को

फिर ससम्मान दरबार में बुलवाया, उन्हें पुनः 'खानखाना' की उपाधि और कन्नौज की जागीर प्रदान की। इस पर रहीम ने एक शेर कहा था—

मरा लुत्फे जहाँगीरी जे ताई दाते रब्बानी।
दो बारः जिंदगी दादः दो बार खानखानी॥

रहीम का पूरा जीवन आरंभ से अंत तक घटनाओं से भरा रहा। जीवन के अंतिम कुछ दिन भी रोमांचक घटनाओं से ओत-प्रोत रहे।

जहाँगीर के खासमखास सिपहसालार व लाहौर के प्रशासक महावत खाँ ने उसे और बेगम नूरजहाँ को कैद कर लिया। रहीम को भी लाहौर बुलवा भेजा। लेकिन नूरजहाँ की कूटनीति के कारण अंत में महावत खाँ को मुँहकी खानी पड़ी।

मृत्यु

कमजोर रहीम लाहौर से दिल्ली रवाना हुए। इस दौड़-भाग में वे बुरी तरह टूट चुके थे। दिल्ली पहुँचकर उनकी अशक्तता इतनी बढ़ गई कि उन्होंने चारपाई पकड़ ली और 72 वर्ष की आयु में सन् 1627 में उनकी मृत्यु हो गई। उन्हें हुमायूँ के मकबरे के पास दफन कर दिया गया।

इस प्रकार, निरंतर बदलते घटनाक्रम के साथ रहीम ने जीवन-निर्वाह किया। चार वर्ष की अल्पायु में पिता का साया सिर से उठ गया। सभी पुत्र असामयिक मौत का शिकार बन गए। कभी उन्होंने नवाबों सी जिंदगी बिताई, कभी कैदी बने और कभी फकीर।

रहीम का संघर्षों से चोली-दामन का साथ रहा। उन्होंने अकबर, जहाँगीर और शाहजहाँ—तीन-तीन मुगल बादशाहों के साथ कार्य किया

और तीनों के ही प्रिय रहे। हालाँकि कई बार परिस्थितियाँ विपरीत भी हुईं, लेकिन जल्दी ही हालात अनुकूल भी हो गए।

बहुभाषाविद् रहीम एक सच्चे भारतीय थे। उन्होंने जाति-धर्म से ऊपर उठकर मानव-धर्म को प्रश्रय दिया और इतिहास में एक सच्चे मानवतावादी के रूप में अपना नाम दर्ज करवाया।

□

कवियों की दृष्टि में रहीम

रहीम कविता-पारखी व्यक्ति थे। वे कवियों का बहुत आदर करते थे, इसलिए उनके दरबार में कवियों का आना-जाना लगा रहता था। कई कवि तो उनके रहमो-करम पर ही जीवन बसर कर रहे थे। अनेक कवियों ने रहीम के उदात्त व्यक्तित्व को अपनी रचनाओं के माध्यम से व्यक्त किया है। इस अध्याय में ऐसे ही कुछ कवियों की रचनाओं को स्थान दिया गया है।

आसकरण 'जाड़ा'

इन्हें लोग 'जाड़ा' के नाम से ज्यादा जानते हैं। बहुत मोटे होने के कारण इन्हें 'जाड़ा' कहा जाने लगा था। इन्होंने निम्नलिखित चार दोहों में रहीम की प्रशंसा की है—

खानखाना नवाब हो मोहि अचंभी एह।
मायो किम गिरि मेरु मन साढ़ तिहस्यी देह॥

खानखाना नवाब रै खाँडे आग खिवंत।
जलवासा नर प्राजलै तृणवाला जीवंत॥

खानखाना नवाब रा अड़िया भुज ब्रह्मंड।
पूछै तो है चंडिपुर धार तले नव खंड॥

खानखाना नवाब री आदमगीरी धन्न।
यह ठकुराई मेरु गिर मनी न राई मन्न॥

केशवदास

जहाँगीर के दरबारी कवि केशवदास ने 'जहाँगीर जस चंद्रिका' नामक अपनी पुस्तक में रहीम की प्रशंसा इस प्रकार की है—

बइरम खाँ पुत्र सो हुमायुँ को साहि सिंधु,
सातो सिंधु पार कीनी कीर्ति करबर की।
शील को सुमेर सुद्ध साँच को समुद्र, रन,
रुद्रगति 'केसौदास' पाई हरिहर की॥

प्रेम परिपूरन पियूष सींचि कल्प बेलि,
पाल लीनी पातसाही साहि अकबर की॥
ताको पुत्र प्रसिद्ध महि, सब खानन को खान।
भयो खानखाना प्रगट, जहाँगीर तनु-त्रान॥

साहिजू की साहिबी को रक्षक अनंत गति,
कीनो एक भगवंत हनुवंत वीर सों।
जाको जस 'केसौदास' भूतल के आसपास,
सोहत छबीली छीरसागर के छीर सों।

अमित उदार अति पावन बिचारि चारु,
जहाँ-तहाँ आदरियो गंगाजी के नीर सों।
खलन के घालिबे को खलक के पालिबे को,
खानखाना एक रामचंद्र जू के तीर सों।

जीति जिन गक्खरी, भिखारी कीने भक्खरी जे,
खानि खुरासानि बाँधि, खरियो पर के।
चोरि मारे गोरिया बराह बोरि बारिधि में,
मृग से बिडारे गुजराती लीने डर के॥

दच्छिन के दच्छ दीह दंती ज्यों बिडारे बीर,
'केसौदास' अनायास कीने घर-घर के।
साहिबी के रखवार शोभि जैं सभा में दोऊ,
खानखाना मानसिंह सिंह अकबर के॥

गंग कवि

गंग कवि रहीम खानखाना के भी प्रिय कवि थे। इनके निम्नलिखित छंद पर रहीम ने इन्हें 36 लाख रुपए पुरस्कार-स्वरूप दे दिए थे। ये भी अकबर के दरबारी कवि थे—

चकित भँवर रहि गयो गमन नहिं करत कमलवन।
अहि फनि-मनि नहिं लेते तेज नहिं बहत पवन घन॥

हंस सरोवर तज्यो, चक्क चक्की न मिले अति।
बहु सुंदरि पद्मिनी, पुरुष न चहें न करें रति॥

खल भलित सेस कवि 'गंग' भनि अमित तेज रवि रथ खस्यो।
खानखान बैरमसुवन जि दिन कोप करि तंग कस्यो॥

गंग कवि के कुछ अन्य छंद, जिनमें रहीम के व्यक्तित्व का अलग-अलग प्रकार से महिमामंडन किया गया है—

(1)

नवल नवाब खानखाना जू तिहारी त्रास,
भागे देश पति धुनि सुनत निसान की।
'गंग' कहै तिनहूँ की रानी रजधानी छाँड़ि,
फिरै बिललानी सुधि भूली खान-पान की॥

तेउ मिली करिन हरिन मृग बानरानी,
तिनहूँ की भली भई रच्छा तहाँ प्रान की।
सची जानी करिन, भवानी जानी केहरिन,
मृगन कलानिधि, कपिन जानी जानकी॥

(2)

हहर हवेली सुनि सटक समरकंदी,
धीर न धरत धुनि सुनत निसाना की।
मछम को ठाठ प्रलय सों पलटबौ 'गंग',
खुरासान अस्पहान लगे एक आना की॥

जीवन उबीठे बीठे मीठे-मीठे महबूबा,
हिए भर न हेरियत अबट बहाना की।

तोसखाने, फीलखाने, खजाने, हुरमखाने,
खाने खाने खबर नवाब खानखाना की॥

(3)

कश्यप के तरनि और तरनि के करन जैसे,
उदधि के इंदु जैसे, भए यों जिजाना के।
दशरथ के राम और श्याम के समर जैसे,
ईश के गनेश और कमल-पत्र आना के॥

सिंधु के ज्यों सुरतरु, पवन के ज्यों हनुमान,
चंद के ज्यों बुध, अनिरुद्ध सिंह बाना के।
तैसेई सपूत खान बैरम के खानखाना,
वैसई दराब खाँ सपूत खानखाना के॥

(4)

नवल नवाब खानखाना जू तिहारे डर,
परी है खलक खैल भैल जहूँ तहूँ जू।
राजन की रजधानी डोली फिरें बन-बन,
नैंठन को दैठें बैठे भरे बेटी बहू जू॥

चहूँ गिरि राहें परी समुद अथाहें अब,
कहे कवि 'गंग' चक्रवल्ली और चहूँ जू।
भूमि चली शेष धरि, शेष चल्यो कच्छ धरि,
कच्छ चल्यो कौल धरि, कौल चल्यो कहूँ जू॥

(5)

राजे भाजे राज छोड़ि, रन छोड़ि राजपूत,
राउति छोड़ि राउत रनाई छोड़ि राना जू।
कहे कवि 'गंग' इत समुद के चहूँ कूल,
कियो न करे कबूल तिय खसमाना जू॥

पच्छिम पुरतगाल काश्मीर अबताल,
खक्खर को देस बाढ़यो भक्खर भगाना जू।
रूम-शाम लोम सोम, बलख बदाऊँ सान,
खैल-फैल खुरासान खीझे खानखाना जू॥

(6)

गंग गोंछ मौंछे जमुन, अधरन सरसुती राग।
प्रकट खानखाना भयो, कामद बदन प्रयाग॥

(7)

धमक निसान सुनि, धमकि तुरान चित्त,
चमक किरान मुल्तान थहराना जू।
मारु मरदान काम रुके करवान आदि,
मेवार के रानहि दवान आनमाना जू॥

पुर्तगाल पछ माध पलटान उत्तराध,
गुजरात देश अरु दच्छिन दबाना जू।
अरबान हबसान हट्टेलान रूम सान,
खैल-भैल खुरासान चढ़े खानखाना जू॥

(8)

बैरम को खानखाना बिरच्यो बिराने देश,
दक्षिण फौजे मारी खग्ग मुख जो परी।
माते-माते हाथिन के हलका हलाय डारे,
मॉनो महा मारुत झकोर डारी झोंपरी॥

लोहू के अलै लै गंग गिरजा गले लै देत,
चोंथ-चोंथ खात गीध चर्ब मुख चोपरी।
तियन समेत प्रेत हाँके देत बीर खेत,
खखल-खखल हँसे खलन की खोपरी॥

(9)

बाँधिबे कौं अंजलि, बिलोकिबे कौं काल ढिंग,
राखिबे कौं पास जिय, मारिबे कौं रोष है।
जारिबे कौं तन-मन, भरिबे कौं हियो आँखें,
धरिबे कौं पग-मग गनिवे कौं कोस है॥

खाइबे कौं सौंहें, भौंहें चढ़िबे-उतारिबे कौं,
सुनिबे कौं प्रानघात किए अपसोस है।
बैरम के खानखाना तेरे डर बैरी-वधु,
लीबे कौं उसास मुख दीबे ही कौं दोस है॥

(10)

नवल नवाब खानखाना जी रिसाने रन,
कीने अरि जेर समसेर सर सरजे।

मांस के पहाड़ सम सानु करि राखे शत्रु,
कीने घमसान भूमि आसमान लरजे॥

सोणित की धारा सों छुअत चंद्रमा-सों धार,
भारी भयो भेद रुद्रन को हा-हा बरजे।
न्यारो बोल बोलत कपाल, मुंडपाल न्यारी,
न्यारो गजराज, न्यारी मृगराज गरजे॥

(11)

प्रबल प्रचंड बली बैरम के खानखाना,
तेरी धाक दीपक दिसान दह दहकी।
कहै कवि गंग तहाँ भारी सूर-बीरिन के,
उमड़ि अखंड दल प्रलै पौन लहकी॥

मच्यो घमसान, तहाँ तोप-तीर-बान चले,
मंडि बलवान किरवान कोप गहकी।
तुंड काटि, मुंड काटि, जोसन जिरह काटि,
नीमा जामा जीन काटि जिमी आनि ठहकी॥

(12)

ठठा मार्‍यो खानखाना दच्छन अजीम कोका,
इसकख़ाँ मारि मारे कसमीर ठौर के।
साहि के हरामखोर मारे साह कुली खान,
कहाँ लौं गनाऊँ गुन उमरावन और के॥

रुस्तम नवाब मारि बालाघाट वार कियो,
फाजिल फिरंगी मारे टापनि सरोर के।
बास्ती को काम छह हजार असवार जोरे,
जैन खाँ जुनारदार मारे इकनौर के॥

कवि हरिनाथ

ये कवियों के कवि थे। इन्होंने एक अन्य कवि के दोहे पर रीझकर स्वयं को प्राप्त एक लाख रुपए के पुरस्कार को उन्हें दे दिया था। रहीम की प्रशंसा में इनका छंद है—

बैरम के तनय खानखाना जू के अनुदिन,
दोउ प्रभु सहज सुभाए ध्यान ध्याए हैं।
कहै 'हरिनाथ' सातों दीप को दिपति करि,
जोह खंड करताल तान सों बजाए हैं॥

एतनी भगति दिल्लीपति की अधिक देखी,
पूजत नए को भास तातैं भेद पाए हैं।
अरि सिर साजे जहाँगीर के पगन तट,
टूटे-फूटे फाटे सिव सीस पै चढ़ाए हैं॥

अलाकुली

ये एक मुसलिम कवि थे। रहीम से संबद्ध इनका एक छंद निम्नलिखित है—

लंका लायो लूट किधौं सिंहन को कूट-कूट,
हाथी, घोड़े, ऊँट एते पाए तो खजाने हैं।
'अलाकुली' कवि की कुबेर ते मिताई कीनी,
अनुतुले अनमाए नग औ नगीने हैं॥

पाई हैं तै खान लक्ष भई पहिचान भूल,
रह्यो है जहाँ नए समान कहाँ कीन्हे हैं।
पारस ते पाए किधौं पारा ते कमायो किधौं,
समुद हूँ तो लायो किधौं खानखाना दीन्हे हैं॥

कवि केसरी

ईरान के शाह अब्बास के दरबारी कवि केसरी रहीम के बड़े प्रशंसक थे। एक बार भरे दरबार में उन्होंने इन शब्दों में रहीम की प्रशंसा की थी—

नहीं दिख पड़ता है कोई ईरान में,
जो मेरे गूढार्थमय पदों को क्रिय करे।
तसात्मा बना हूँ मैं, अपने ही देश में,
आवश्यक हो गया है मुझे हिंदुस्तान जाना;

जिस प्रकार बूँद एक जाती है सागर ओर,
मैं भी भेजूँगा निज काव्य निधि हिंद को;
क्योंकि इस युग में राजाओं में अब कोई नहीं
खानखाना के सिवा अन्य आश्रयदाता,
सरस्वती के सुपुत्र सद कवियों का॥

कवि मंडन

मंडन बुंदेलखंड के आंचलिक कवि थे। उन्होंने रहीम के व्यक्तित्व को उद्‌घाटित करते हुए निम्न छंद लिखा था—

तेरे गुन खानखाना परत दुनी के कान,
तेरे काज ये गुन अपनो धरत हैं।
तू तो खुग्ग खोलि-खोलि खलन पै कर लेत,
यह तो पै कर नेक न डरत हैं॥

'मंडन सुकवि' तू चढ़त नवखंडन पै,
ये भुजदंड तेरे चढ़िए रहत हैं।
ओहती अटल खान साहब तुरक मान,
तेरी या कमान तोसों तेहुँ सों कहत है॥

इस प्रकार, विभिन्न कवियों ने रहीम खानखाना के व्यक्तित्व को अपने काव्य द्वारा उद्‌घाटित किया। नीचे तात्कालिक कुछ और कवियों के छंद दिए जा रहे हैं, जिनसे हमें रहीम के व्यक्तित्व के विभिन्न पहलुओं को समझने में मदद मिलेगी—

(1)

गानी खानखाना तेरे धौंसा की धुकार सुनि,
सुत तजि, पति तजि, भाजी बैरी बाल हैं।
कटि लचकत, बार भार न सँभारि जात,
परी विकराल जहँ सघन तमाल हैं॥

कवि 'प्रसिद्ध' तहाँ खगन खिजायो आनि,
जल भरि-भरि लेती दृगन बिसाल हैं।
बेनी खैंचे मोर, सीस फूल को चकोर खैंचे,
मुकता की माल ऐंचि खैंचत मराल हैं॥

(2)

सात दीप सात सिंधु थरक-थरक करै,
जाके उर टूटत अखूट गढ़ राना के।
कंपत कुबेर बेर मेर मरजाद छाँड़ि,
एक-एक रोम झर पड़े हनुमाना के॥

धरनि धसक धस, मुसक धसक गई,
भनत 'प्रसिद्ध' खंभ डोले खुरसाना के।
सेस फन फूट-फूट चूर चकचूर भए,
चले पेसखाना जू नबाब खानखाना के॥

(3)

जलद चरन संचरहि सबर सोहे सत्मथ गति।
रुचिर रंग उत्तंग जंग मंडहिं विचित्र अति॥
बैराम-सुवन चित बकसि-बकसि हय देत मंगनन।
करत राग 'परसिद्ध' रोम छँड़हिं न एक छिन॥

थरहहिं पलट्टहिं उच्छलहिं, नच्चत धावत तुरंग इमि।
खंजन जिमि नागरि नैन जिमि, नट जिमि मृग जिमि पवन जिमि॥

(4)

जोरावर अब जोर रवि-रथ कैसे जोर,
बने जोर देखे दीठि जोर रहियतु है।
हैन को लिवैया ऐसो, है न को दिवैया ऐसो,
दान खानखाना को लहे ते लहियतु है॥

तन-मन डारे बाजी द्वै तन सँभारे जात,
और अधिकाई कहौ कासौं कहियतु है।
पौन की बड़ाई बरनत सब 'तारा' कवि,
पूरो न परत याते पौन कहियतु है॥

(5)

कमठ पीठ पर कोल कोल पर फल फनिंद फन।
फनपति फन पर पुहुमि पुहुमि पर दिगत दीप गन॥

सप्त दीप पर दीप एक जंबू जग लिक्खिय।
कवि मुकुंद तहँ भरतखंड उप्परहिं बिसिक्खिय॥

खानखान बैरम-तनय तिहिं पर तव भुज कल्पतरु।
जगमगहिं खग्ग भुज अग्ग पर, खग्ग-अग्ग स्वामित्तिवरु॥

(6)

सेर सम सील सम धीरज सुमेर सम,
सेर मम साहेब जमाल सरसाना था।

करन कुबेर कलि कीरति कमाल करि,
ताले बंद मरद दरदमंद दाना था॥

दरबार दरस-परस दरवेसन कौ,
तालिब-तलब कुल आलम बखाना था।
गाहक गुनी के, सुख चाहक दुनी के बीच,
'संत' कवि दान को खजाना खानखाना था॥

(7)

मदन-रूप-तन तबल वीर बाहन गल गज्जह।
बहु सनाह पाखरी द्वार दुंदुभि बहु बज्जह॥

बहु साहस उत्थयन फेर थप्पन समथ बर।
सहनसाह सिर छत्र ताहि रक्खन समथ नर॥

खाननखान बैरम-सुवन, चित्त सहर रस रत्तयो।
धन-मद-जोबन-राज मद, एकहि मद्द न मत्तयो॥

(8)

काह रे करजदार झगरत बार-बार,
नैंक दिल धीर धर जान इतवारी से।
बेहूँ दर हाल माल लिखते सवाइ साल,
देखना बिहाल मत जानना भिखारी से॥

सेवा खानखाना की उमेदवारी दान कीते,
महर महान की सूँ होत धन धारी से।
अब घरी पल माँझ, पहर-द्वै-पहर माँझ,
आज-काल आज-काल हरैं द्वै हजारी से॥

(9)

दिए के हुकुम आगे दिए रह जामिनी कै,
देह के कहन राख्यो देह के चहत हैं।
बखत के नाम-नाम राखत जहान माहिं,
धन के सबद धन-धन जे कहत हैं॥

खानखानाजू की अब ऐसी बकसीस भई,
बाकी बकसीस अरु बखसीस हत हैं।
हाथिन के नाम हाथी रहत तबेलन में,
घोरा दिए घोरा सतरंज में रहत हैं॥

नगर ठठा की रजधानी धूरधानी कीनी,
धरक्यो खँधारी खान पानी न हलक में।
छाँड़े हैं तुखार और बुखार न उपार भरे,
उजबक उजर कै गयो है पलक में॥

पौरि-पौरि परे सेर ठौर-ठौर पौरि दई,
खानखाना ध्याए ते अवाज है खलक में।
पिय भाजे तय छाँड़ि, तिया करे पीउ-पीउ,
बाबा-बाबा बिललात बालक बालक में॥

(11)

दक्खिन को जूम खानखाना जू तिहारो सुनि,
होत है अचंभो राजा राय मराइ के।
एक दिन एक रात और दिन आधए लौं,
आए जो मुकाबिले को गए ना बिराइ के॥

बासर के जूमे तो सुमार ह्वै-ह्वै गिरत हैं,
भेदें रविमंडल ते मारे हैं लराइ के।
जामनी के जूमे सेर सूरज को पैड़ों देखे,
भोर राहगीर दरवाजे ज्यों सराइ के॥

(12)

काहू की सिकारि स्याल लोमन को खेल होत,
काहू की सिकारि मृग मारि सुख मानो है।
काहू की सिकार साथ सिकरा-सिचान बान,
काहू की सिकार देखो बारुण बखानो है॥

खानखाना की सिकार सिंध पैकै वार-पार,
छंद-बंद-फंद खट बरन को ठानो है।
अब ही सुनोगे मास दोय-तीन-चार माँझ,
कौन ही दिसा को पातशाह बाँधि आनो है॥

कुछ दोहे

खानखाना नवाब हो, तुम धुर खैंचनहार।
सेरा सेती नहिं खिंचे, इस दरगाह का भार॥

खानखाना नवाब तें, हत्त लगाए एम।
मुदफर पड़े न ऊठिए गए जोबसी जेम॥

खानखाना न जाँचियों, जहाँ दलिद्र न जाय।
कूप नीर अद्रे बिना, नीली धरा न पाय॥

खानखान नवाब तें, वाही खग उल्लाल।
मुदफर पड़ें न ऊठियो, जैसे अंबा डाल॥

□

दोहावली

रहीम एक कवित्त–पारखी होने के साथ–साथ सिद्धहस्त कवि भी थे। अपने दोहों में उन्होंने 'गागर में सागर' भर दिया है। उन्होंने राजनीति, समाज, नैतिक शिक्षा, शृंगार आदि अनेक विषयों को अपने दोहों के केंद्र में रखा है। उनके दोहे आज के समाज और परिवेश में भी उतने ही प्रासंगिक हैं जितने वे रहीम–कालीन परिवेश में रहे होंगे। नीचे उनके प्रमुख दोहे भावार्थ सहित दिए गए हैं :

अच्युत चरन तरंगिनी, शिव सिर मालति माल।
हरि न बनायो सुरसरी, कीजो इंदव भाल॥

हे माँ गंगा! आप श्रीहरि विष्णु के चरणों को पखारती हैं और शिवजी के मस्तक पर मालती के फूलों की तरह सुशोभित रहती हैं। जब आप मेरी मुक्ति करें तो देवलोक में मुझे हरि मत बनाना, शिव बनाना, जिससे कि मैं आपको अपने सिर पर धारण कर सकूँ।

अधम बचन तो को फल्यो, बैठि ताड़ की छाँह।
रहिमन काम न आइहै, ये नीरस जग माँह॥

नीच आदमी से मित्रता ताड़ के वृक्ष की छाया में बैठने के समान है, जो निरर्थक है। रहीम कहते हैं कि नीच लोग केवल अपने स्वार्थ के बारे में सोचते हैं, वे दूसरों का भला कभी नहीं कर सकते।

अनुचित उचित रहीम लुध, करहि बड़ेन के जोर।
ज्यों ससि के संयोग ते, पचवत आगि चकोर॥

महान् लोगों का सहयोग और समर्थन पाकर कभी-कभी छोटे लोग भी बड़े-बड़े काम कर जाते हैं। जैसे चंद्रमा के प्रेम में स्वयं को भूलकर चकोर अंगारे खाकर पचा लेता है।

अनुचित बचन न मानिए, जदपि गुराइसु गाढ़ि।
है रहीम रघुनाथ ते, सुजस भरत की बाढ़ि॥

भरपूर दबाव पड़ने पर भी अनुचित कार्य कभी न करें। जिस कार्य को करने के लिए आपका अंतर्मन गवाही न दे, वह कार्य कोई बड़ा व आदरणीय व्यक्ति भी कहे तो भी न करें।

अमर बेलि बिनु मूल की, प्रतिपालत है ताहि।
रहिमन ऐसे प्रभुहिं तजि, खोजत फिरिए काहि॥

जो ईश्वर बिना जड़ की अमर बेल का भी पालन-पोषण करता है, ऐसे ईश्वर को छोड़कर बाहर किसे खोजते फिर रहे हो। अरे, ऐसा ब्रह्म (प्रभु) तुम्हारे अंदर ही है, उसे वहीं खोजो।

अमृत ऐसे वचन में, रहिमन रिस की गाँस।
जैसे मिसिरिहु में मिली, निरस बाँस की फाँस॥

ज्ञानी संत-महात्माओं की अमर वाणी में कभी-कभी उनके क्रोध से उपजे शब्द भी ठंडक पहुँचाते हैं, जैसे मीठी मिसरी में घुली-मिली बाँस की नीरस फाँस भी मधुर लगती है।

अब रहीम मुसकिल परी, गाढ़े दोऊ काम।
साँचे से तो जग नहीं, झूठे मिलैं न राम॥

रहीम कहते हैं, सांसारिक सुख और आध्यात्मिक आनंद दो विपरीत ध्रुव हैं। एक को छोड़ोगे, तभी दूसरा मिलेगा। सच्चाई, मोह-माया को त्याग दोगे तो सांसारिक सुख नहीं मिलेंगे और इनके त्यागे बिना आध्यात्मिक आनंद नहीं मिलेगा।

आदर घटे नरेस ढिग, बसे रहे कछु नाँहि।
जो रहीम कोटिन मिले, धिक जीवन जग माँहि॥

जहाँ आपका सम्मान न हो, ऐसे राजा या उच्चाधिकारी के पास कभी मत रहो। रहीम कहते हैं, ऐसे स्थानों पर भले करोड़ों रुपए मिलें, तो भी ऐसा अपमानित जीवन निरर्थक है।

आप न काहू काम के, डार-पात फल-फूल।
औरन को रोकत फिरैं, रहिमन पेड़ बबूल॥

जैसे बबूल के पेड़ के पत्ते, फल, फूल, डालें आदि किसी काम के नहीं होते और दूसरे पेड़ों को फलने-फूलने से रोकते हैं, वैसे ही बबूल जैसे दुर्जन लोग दूसरों की उन्नति से ईर्ष्या करके उनके मार्ग में अवरोध खड़े करते हैं। ऐसे लोगों से बचना चाहिए।

आवत काज रहीम कहि, गाढ़े बंधु सनेह।
जीरन होत न पेड़ ज्यों, थामें बरै बरेह॥

रहीम कहते हैं, संकट की घड़ी में अपने नाते-रिश्तेदार ही काम आते हैं, जैसे वट को कोई वृक्ष गिराने लगता है तो उसके सजातीय वृक्ष उसे सहारा देकर थाम लेते हैं और वह फिर से फलने-फूलने लगता है।

ऊगत जाही किरन सों, अथवत ताही कांति।
त्यों रहीम सुख-दुःख सबै, बढ़त एक ही भाँति॥

सूर्य जिस ओज और उत्साह से उदय होता है, उसी चमक और दीप्ति के साथ अस्त होता है। ऐसे ही धीर-गंभीर और विवेकी पुरुष भी सुख-दुःख, लाभ-हानि, मान-अपमान आदि सभी स्थितियों में सदैव सम रहते हैं—अर्थात् विचलित नहीं होते।

एकै साधे सब सधै, सब साधे सधि जाय।
रहिमन मूलहिं सींचिबो, फूलै-फलै अघाय॥

एक काम को मन लगाकर करने से बाकी सारे काम अपने आप पूरे हो जाते हैं, जैसे वृक्ष की एकमात्र जड़ को सींचने पर पत्ते, डालियाँ, फूल और फल सब अपने आप फलते-फूलते हैं।

असमय परे रहीम कहि, माँगि जात तजि लाज।
ज्यों लछमन माँगन गए, पारासर के नाज॥

कठिन परिस्थितियों में, जब प्राणों पर बन आई हो, तब किसी से याचना करने में भी कोई बुराई नहीं है। जैसे वनवासकाल के कठिन दिनों

में लक्ष्मण पराशर मुनि से अन्न-याचना करने गए तो वे याचक नहीं हो गए थे।

अंजन दियो तो किरकिरी, सुरमा दियो न जाय।
जिन आँखिन सों हरि लख्यो, रहिमन बलि-बलि जाय॥

रहीम कहते हैं, काजल और सुरमा सब व्यर्थ हैं। मैंने तो जब से इन आँखों से ईश्वर के दर्शन किए हैं, इन आँखों में ईश्वर को बसाकर धन्य हो गया हूँ। अर्थात् सौंदर्य-प्रसाधन छोड़कर ईश्वर को नयनों में बसाइए।

अंतर दाव लगी रहै, धुआँ न प्रगटै सोय।
कै जिय जाने आपनो, जा सिर बीती होय॥

प्रेम और विरह की अग्नि अंतर्मन में ही सुलगती है। यह किसी को दिखाई नहीं देती। इसका धुआँ भी अदृश्य होता है। यह ऐसी असाधारण आग है, जो केवल प्रेमी को ही पीड़ित करती है।

उरग-तुरग नारी नृपति, नीच जाति हथियार।
रहिमन इन्हें सँभारिए, पलटत लगै न बार॥

सर्प, अश्व (घोड़ा), स्त्री, राजा (उच्चाधिकारी), नीच आदमी और अस्त्र-शस्त्रों से हमेशा सावधान रहना चाहिए। रहीम कहते हैं, इनके साथ जरा सी भी चूक होने पर ये पलटवार करने में देर नहीं लगाते।

ओछो काम बड़ो करैं, तौ न बड़ाई होय।
ज्यों रहीम हनुमंत को, गिरिधर कहै न कोय॥

कोई छोटा आदमी या छोटा-मोटा सेवक कोई बड़ा काम करे तो

उसका नाम नहीं होता। जैसे राम-सेवक हनुमान ने त्रेतायुग में संजीवनी के लिए पूरा-का-पूरा पहाड़ उखाड़ लिया था, तब भी उसका गुणगान कोई नहीं करता। लेकिन भगवान् श्रीकृष्ण ने उँगली पर पहाड़ उठाया तो उन्हें 'गिरिधर' कहा जाने लगा।

करत निपुनई गुन बिना, रहिमन निपुन हजूर।
मानहु टेरत बिटप चढ़ि, मोहिं समान को कूर॥

अवगुणी आदमी गुणियों के सामने चतुराई दिखाने की कोशिश करता है तो उसकी पोल खुल जाती है और वह पकड़ा जाता है। उसका यह प्रयास ऐसा होता है, मानो वह वृक्ष पर चढ़कर अपने पाखंडी होने की घोषणा कर रहा हो।

कमला थिर न रहीम कहि, यह जानत सब कोय।
पुरुष पुरातन की बधू, क्यों न चंचला होय॥

रहीम कहते हैं कि सब जानते हैं, लक्ष्मी चंचल होती है। यह कहीं स्थायी नहीं ठहरती। आखिर यह बुजुर्ग विष्णु भगवान् की नवयौवना वधू है, फिर एक स्थान पर कैसे ठहर सकती है। फिर भी कुछ लोग इसे अपनी मान बैठते हैं और झूठे मोह में फँसे रहते हैं।

कमला थिर न रहीम कहि, लखत अधम जे कोय।
प्रभु की सो अपनी कहै, क्यों न फजीहत होय॥

रहीम कहते हैं, धन-संपदा (लक्ष्मी) एक जगह स्थिर नहीं रह सकती; जो ऐसा सोचते हैं, उन्हें दुःख झेलना पड़ता है। प्रभु विष्णु की एक निष्ठा लक्ष्मी उनकी इच्छा से ही किसी घर में जाती हैं और उनके

इशारे पर ही वहाँ से निकल पड़ती हैं। जो कोई व्यक्ति प्रभु को समर्पित लक्ष्मी को अपनी कहता है, उसे अपमानित होना पड़ता है।

करमहीन रहिमन लखो, धसो बड़े घर चोर।
चिंतत की बड़ लाभ के, जगत ह्वैगो भोर॥

कर्महीन व्यक्ति सपने में एक बड़े घर में चोरी करने जाता है और बड़ी धन-दौलत पर हाथ साफ कर लेता है। वह मन-ही-मन बड़ा खुश होता है, लेकिन सुबह जब सपना टूटता है तो उसकी सारी खुशी काफूर हो जाती है। अर्थात् कर्म से ही फल मिलता है।

कहि रहीम इक दीप तें, प्रगट सबै दुति होय।
तन सनेह कैसे दुरै, दृग दीपक जरु दोय॥

रहीम कहते हैं, एक ही दीपक के प्रकाश में सारी वस्तुएँ स्पष्ट दिखने लगती हैं, फिर नयनों के दो-दो दीपकों के होते तन-मन में बसे स्नेह-प्रेम को कोई कैसे भीतर छिपाकर रख सकता है।

कहि रहीम धन बढ़ि-घटे, जात धनिन की बात।
घटै-बढ़ै उनको कहा, घास बेचि जे खात॥

रहीम कहते हैं, धनवान् जब गरीब होते हैं या उनका धन कम होता है तो उन्हें बहुत पीड़ा होती है, लेकिन जो रोज घास काटकर पेट पालते हैं, उन पर धन के बढ़ने-घटने या घटने-बढ़ने का कोई प्रभाव नहीं पड़ता।

कहि रहीम या जगत तें, प्रीति गई दै टेर।
रहि रहीम नर नीच में, स्वारथ स्वारथ टेर॥

रहीम कहते हैं, यह संसार प्रेम और स्नेह से आज रिक्त हो गया है। यहाँ दुर्जन लोग भरे पड़े हैं, जो केवल अपने स्वार्थ की पूर्ति में लगे हैं, इसलिए प्रीति इस दुनिया को छोड़ गई है।

कहि रहीम संपति सगे, बनत बहुत बहु रीत।
बिपति कसौटी जे कसे, तेई साँचे मीत॥

जब आदमी के पास धन-दौलत होती है तो लोग तरह-तरह के रिश्ते निकालकर उससे संबंध बनाने की कोशिश करते हैं। लेकिन संकट पड़ने पर ऐसे सभी लोग भाग खड़े होते हैं। जो संकटकाल में भी साथ में डटा रहे, वही सच्चा मित्र होता है।

कहु रहीम केतिक रही, केतिक गई बिहाय।
माया-ममता मोह परि, अंत चले पछिताय॥

रहीम पूछते हैं, कितना जीवन शेष है और कितना बरबाद कर दिया, जरा इस पर विचार करें; क्योंकि माया, ममता और मोह में फँसकर आदमी सांसारिक क्षणिक सुख तो भोग लेता है, लेकिन स्थायी आध्यात्मिक सुख से वंचित होकर मृत्यु के समय पछताता है और खाली हाथ जाता है। इसलिए क्षणिक सुखों को त्यागकर स्थायी सुख पाने का प्रयास करें।

कहु रहीम कैसे निभै, बेर केर को संग।
वे डोलत रस आपने, उनके फाटत अंग॥

रहीम कहते हैं, बेर और केले का साथ कैसे निभ सकता है ? बेर तो अपनी मस्ती में झूमते हैं और बेचारे केले के अंग जख्मी हो जाते हैं। अर्थात् सज्जन और दुर्जन एक साथ नहीं रह सकते। दुर्जन का साथ करने

पर सज्जन को भी अपमानित और पीड़ित होना पड़ सकता है।

कागद को सो पूतरा, सहजहि में घुलि जाय।
रहिमन यह अचरज लखो, सोऊ खैंचत बाय॥

कागज को पानी में डुबाओ तो वह जल्दी ही गल जाता है; लेकिन डूबते-गलते हुए भी वह ऊपर से हवा को अपने अंदर खींचता है। इसी प्रकार मानव देह भी क्षण-भंगुर है, लेकिन मरते-मरते भी यह मोह-माया और अहंकार को नहीं छोड़ती।

काज परे कछु और है, काज सरे कछु और।
रहिमन भँवरी के भए, नदी सिरावत मौर॥

काम पड़ने पर लोग आपकी चापलूसी करते हैं, मान-सम्मान करते हैं और काम निकल जाने पर आपको पहचानने से भी इनकार कर देते हैं। यही है आज का वास्तवित लोक-व्यवहार! जैसे विवाह के समय मांगलिक मौर को दूल्हा सिर पर जगह देता है और विवाह के बाद उसे तुच्छ समझकर नदी में बहा दिया जाता है।

कहा करौं बैकुंठ लै, कल्प बृच्छ की छाँह।
रहिमन ढाक सुहावनो, जो गल पीतम बाँह॥

मुझे स्वर्ग का सुख नहीं चाहिए और कल्पवृक्ष की छाँव से भी कोई लेना-देना नहीं है। रहीम कहते हैं, मुझे वह ढाक का वृक्ष अति प्रिय है, जहाँ मैं अपने प्रीतम के गले में बाँह डालकर बैठ सकूँ।

काह कामरी पागरी, जाड़ गए से काज।
रहिमन भूख बुझाइए, कैस्यो मिले अनाज॥

जो वस्त्र जाड़े को दूर भगा दे, वही सबसे अच्छी चादर या सबसे अच्छा कंबल हो सकता है। रहीम कहते हैं, जो भोजन भूख को शांत कर दे, वही श्रेष्ठ है।

कैसे निबहैं निबल जन, करि सबलन सों गैर।
रहिमन बसि सागर बिषे, करत मगर सों बैर॥

कमजोर लोगों को ताकतवरों से दुश्मनी नहीं करनी चाहिए। रहीम कहते हैं, समुद्र के पानी में रहकर मगरमच्छ से दुश्मनी मोल नहीं लेनी चाहिए, क्योंकि पानी ही तो मगरमच्छ की असली ताकत है। वहाँ तो आपकी हार निश्चित है।

को रहीम पर द्वार पै, जात न जिय सकुचात।
संपति के सब जात हैं, बिपति सबै लै जात॥

रहीम कहते हैं, कौन स्वाभिमानी चाहेगा कि वह किसी के द्वार पर माँगने जाए। लेकिन जब भी ऐसी स्थिति उत्पन्न होती है तो लोग समर्थ-संपत्तिवान् के यहाँ ही जाते हैं और विपत्ति उन्हें वहाँ ले जाती है। ऐसी दशा में संपत्तिवानों को पीड़ित का सत्कार करना चाहिए और पीड़ितों को भी याचना में झिझक नहीं करनी चाहिए।

खीरा को मुँह काटि के, मलियत लोन लगाय।
रहिमन करुए मुखन को, चहियत इहै सजाय॥

खीरे का मुँह काटकर उस पर नमक रगड़ा जाता है। इस प्रकार उसकी कड़वाहट दूर हो जाती है। रहीम कहते हैं, कड़वे मुँहवालों को ऐसी ही सजा देनी चाहिए। अर्थात् जो कड़वा बोलेगा, वह सजा पाएगा और अपमान झेलेगा। अतः इससे बचना चाहिए।

खैर खून खाँसी खुसी, बैर प्रीति मदपान।
रहिमन दाबे ना दबैं, जानत सकल जहान॥

कुशलता, हत्या, खाँसी, खुशी, दुश्मनी, प्रेम और मदिरापान—ये बातें लाख कोशिश करके भी छिपाई नहीं जा सकती हैं, फौरन सब जान जाते हैं। अर्थात् जो अंतर्मन में होता है, वह छिपता नहीं है, प्रकट हो जाता है।

गगन चढ़ै फरक्यो फिरै, रहिमन बहरी बाज।
फेरि आइ बंधन परै, अधम पेट के काज॥

बाज को जब शिकार कर छोड़ा जाता है तो वह उच्च आकाश में अठखेलियाँ करते हुए शिकार का पीछा करता है और मालिक के बुलाने पर भी नहीं आता, मानो बहरा हो गया हो! लेकिन जब उसे भूख लगती है तो फिर अपने स्वामी की कैद में बिना बुलाए आ फँसता है। पेट की यह भूख अच्छे-अच्छों को आकाश से धरती पर ला पटकती है। जो भूख को पटक देते हैं, वे संत होते हैं।

गरज आपनी आप सों, रहिमन कही न जाय।
जैसे कुल की कुलवधू, पर घर जात लजाय॥

स्वाभिमानी लोग अपनी जरूरत के लिए सगे-संबंधियों के सामने भी हाथ नहीं फैला सकते। जैसे घर की बहू पड़ोसियों के यहाँ जाने में शरमाती है। अर्थात् याचना से बेहतर यह है कि स्वयं ही आगे बढ़कर याचक की सहायता कर दी जाए। इसमें याचक और सहायक दोनों का बड़प्पन रह जाता है।

गहि सरनागत राम की, भवसागर की नाव।
रहिमन जगत उधार कर, और न कछू उपाव॥

राम की शरण लो। वही भवसागर की नाव है, जो तुम्हें इस माया-मोह के क्षणिक भौतिक संसार से छुटकारा दिला सकती है। इसके अलावा मुक्ति का कोई और उपाय नहीं है।

गुनते लेत रहीम जन, सलिल कूपते काढ़ि।
कूपहु ते कहुँ होत है, मन काहू के बाढ़ि ॥

प्यास बुझाने के लिए रस्सी की सहायता से कुएँ से जल निकाला जाता है। इसी प्रकार मन की गहराई से बात निकालने के लिए विश्वास की रस्सी से उसमें उतरा जाता है।

चढ़िबो मोम तुरंग पर, चलिबो पावक माँहि।
प्रेम पंथ ऐसो कठिन, सब कोउ निबहत नाहिं ॥

प्रेम का मार्ग बहुत कठिन होता है, मानो मोम के घोड़े पर सवार होकर अंगारों पर चलना। जिसमें विश्वास हो, लगन हो, पक्का इरादा हो, वही ऐसे मार्ग पर आगे बढ़ सकता है। अर्थात् प्रेम-भक्ति का मार्ग बहुत कठिन होता है। इसकी कठिनाइयों को पार कर लेनेवाला मुक्त हो जाता है।

चरन छुए मस्तक छुए, तेहु नहिं छाँड़ति पानि।
हियो छुवत प्रभु छोड़ दै, कहु रहीम का जानि ॥

प्रभु का भजन-पूजन, व्रत-उपासना, यज्ञ-हवन सब किए, लेकिन मोह-माया ने पीछा नहीं छोड़ा। लेकिन प्रभु को हृदय में बसाते ही सारे विकार दूर हो गए और तन-मन निर्मलता से भर गए। अर्थात् हृदय से भजने पर ही प्रभु प्राप्त होते हैं।

चारा प्यारा जगत में, छाला हित कर लेइ।
ज्यों रहीम आटा लगे, त्यों मृदंग सुर देइ॥

भोजन सबकी आवश्यकता है। सभी इसे प्रेमपूर्वक ग्रहण करते हैं। ढोल पर आटा मलने पर वह भी मनपसंद सुर में बजने लगता है। भूख जो करा दे, वही कम।

छिमा बड़ेन को चाहिए, छोटेन को उत्पात।
का रहीम हरि को घट्यो, जो भृगु मारी लात॥

छोटे बच्चे तो स्वभाववश शरारतें करते हैं, लेकिन बड़ों को उन्हें क्षमा कर देना चाहिए। क्षमाशीलता का गुण बड़े लोगों के स्वभाव में शामिल होना चाहिए। भृगु ऋषि ने सहनशीलता की परीक्षा लेने के लिए विष्णुजी के सीने पर लात मारी, लेकिन उन्होंने भृगुजी को क्षमा कर दिया।

छोटेन सों सोहैं बड़े, कहि रहीम यह लेख।
सहसन को हय बाँधियत, लै दमरी की मेख॥

छोटे लोगों या छोटी चीजों को भी कम करके नहीं आँकना चाहिए, क्योंकि कई बार ये भी महत्त्वपूर्ण काम कर जाते हैं। हजारों रुपए के घोड़े को कुछ पैसों के खूँटे से ही बाँधकर रखा जाता है।

जब लगि जीवन जगत में, सुख-दुःख मिलन अगोट।
रहिमन फूटे गोट ज्यों, परत दुहुन सिर चोट॥

समाज में मिल-जुलकर रहने से दुःख भी सुख में बदल जाते हैं, लेकिन अकेले, अलग रहने से दुःख ज्यादा पीड़ित करते हैं। जैसे चौपड़ के खेल में अकेली गोटी पिट जाती है और समूह में रखी सुरक्षित रहती है।

जब लगि विपुन न आपनु, तब लगि मित्त न कोय।
रहिमन अंबुज अंबु बिन, रवि ताकर रिपु होय॥

जब तक आप धनवान् नहीं होते, कोई आपका मित्र नहीं होता। धन आते ही मित्र बन जाते हैं और धन के जाते ही मित्र भी शत्रु बन जाते हैं। जैसे सूरज की रोशनी में कमल खिलता है, लेकिन जलाशय का पानी घटने पर वही अपनी तेजी से उसे सुखा देता है।

जलहिं मिलाइ रहीम ज्यों, कियों आपु सग छीर।
अगवहिं आपुहि आप त्यों, सकल आँच की भीर॥

दूध पानी को अपने में मिलाकर एकसार कर लेता है। फिर जैसे ही दूध को आग पर चढ़ाया जाता है तो पानी आगे आ जाता है और आग का सारा तेज आखिरी बूँद तक सहता है, लेकिन दूध को जलने नहीं देता है। यह है सच्ची मित्रता।

जहाँ गाँठ तहँ रस नहीं, यह रहीम जग जोय।
मंडप तर की गाँठ में, गाँठ गाँठ रस होय॥

जहाँ गाँठ या संबंधों में दरार होती है, वहाँ रस या मधुरता नहीं होती; लेकिन रहीम कहते हैं, विवाह मंडप के नीचे बाँधी गई संबंधों की गाँठ गाँठ मधुर रस में डूबी होती है।

जाल परे जल जात बहि, तजि मीनन को मोह।
रहिमन मछरी नीर को, तऊ न छाँड़ति छोह॥

जैसे ही जाल डाला जाता है, मछलियों का मोह छोड़कर जल बाहर निकल जाता है, लेकिन इस प्रकार ठुकराए जाने पर मछलियाँ जल का

मोह नहीं छोड़ पातीं और उसके वियोग में प्राण त्याग देती हैं। प्रेमिकाएँ अपने प्रेमी के प्रति समर्पित होती हैं। वे उनके शुष्क व्यवहार को अनदेखा करके उनके वियोग में जीवन का मोह भी त्याग देती हैं।

जे गरीब सों हित करै, धनि रहीम वे लोग।
कहा सुदामा बापुरो, कृष्ण मिताई जोग॥

जो लोग गरीब और बेसहारा लोगों की सेवा करते हैं, वे ही सच्चे धनी होते हैं, सच्चे दीनबंधु होते हैं। सुदामा मित्रता के योग्य भी नहीं थे, फिर भी भगवान् कृष्ण ने उनसे मित्रता निभाई और उनकी सारी निर्धनता को दूर कर दिया। यही सच्चे दीनबंधु की पहचान है।

जेहि अंचल दीपक दुर्‌यो, हन्यो सो ताही गात।
रहिमन असमय के परे, मित्र शत्रु ह्वै जात॥

दीपक को बुझने से बचाने के लिए घर की स्त्री आँचल की ओट करके उसे घर में रख देती है और सोते समय उसी आँचल से उसे बुझा देती है। रहीम कहते हैं, समय-समय की बात है, असमय पर तो मित्र भी शत्रु बन जाते हैं।

जे रहीम विधि बड़ किए, को कहि दूषन काढ़ि।
चंद्र दूबरो कूबरो, तऊ नखत ते बाढ़ि॥

जिन्हें ब्रह्म ने बड़ा बनाया हो, उनमें दोष निकालने का साहस कौन कर सकता है। दूज का चंद्रमा एक क्षीण रेखा जैसा होता है, फिर भी सब उसकी पूजा करते हैं; उसका यह दोष भी उसका गुण बन जाता है।

जे सुलगे ते बुझि गए, बुझे तो सुलगे नाहिं।
रहिमन दाहे प्रेम के बुझि-बुझि के सुलगाहिं॥

लकड़ियों में आग लगती है और बुझ जाती है। बुझकर फिर नहीं लगती। लेकिन प्रेम-अग्नि एक ऐसी आग होती है, बुझती है और फिर सुलगती है और यह चक्र निरंतर चलता रहता है। जब यह प्रभु-प्रेम की अग्नि बन जाती है तो मनुष्य का कल्याण हो जाता है।

जैसी परै सो सहि रहै, कहि रहीम यह देह।
धरती ही पर परत है, सीत घाम और मेह॥

जैसे धरती सर्दी, गरमी और वर्षा सबकुछ सह लेती है वैसे ही हमारा यह शरीर भी सबकुछ सहने की क्षमता रखता है। यह बड़ा विलक्षण, अमूल्य और चमत्कारी है। ऐसा दिव्य रत्न पाकर इसे आत्मकल्याण में लगाएँ।

जो घर ही में घुसि रहै, कदली सुपत सुडील।
तो रहीम तिन ते भले, पथ के अपत करील॥

केले के पौधे केवल घर-आँगन की शोभा बढ़ाते हैं। उनसे तो वे काँटेदार, पत्ते-रहित करील के वृक्ष अच्छे हैं, जो मार्गों, मैदानों, खेत की मुँड़ेरों पर खड़े होकर पंछियों और पथिकों का आश्रय बनते हैं।

जो पुरुषारथ ते कहूँ, संपति मिलत रहीम।
पेट लागि बैराट घर, तपत रसोई भीम॥

कहते हैं, पुरुषार्थ से ही धन-दौलत मिलती है; लेकिन कभी-कभी पुरुषार्थ भी भाग्य के आगे विवश हो जाता है। जैसे पुरुषार्थी भीम को

विराट के यहाँ रसोइया बनकर भाग्य के सामने आत्मसमर्पण करना पड़ा था।

जो बड़ेन को लघु कहे, नहिं रहीम घटि जाँहि।
गिरिधर मुरलीधर कहे, कछु दुख मानत नाँहि॥

बड़ों को छोटा कह देने से उनकी महानता कम नहीं हो जाती। जैसे पर्वत धारण करनेवाले भगवान् श्रीकृष्ण को 'मुरलीधर' कहने से उनकी प्रतिष्ठा कम नहीं होती। अर्थात् किसी की छोटी सी बात को गाँठ में बाँधकर मन-मुटाव नहीं करना चाहिए।

जो मरजाद चली सदा, सोई तो ठहराय।
जो जल उमगें तार तें, सो रहीम बहि जाय॥

आदमी को सदियों से चली आ रही परंपराओं और मर्यादाओं के अनुसार ही जीवनयापन करना चाहिए। इसी में उसका कल्याण है। जैसे सीमाओं में बहती नदी सबका भला करती है, लेकिन सीमा तोड़कर बाहर निकला पानी बेकार हो जाता है और लोगों का अहित भी करता है।

जो रहीम उत्तम प्रकृति, का करि सकत कुसंग।
चंदन विष व्यापत नहीं, लिपटे रहत भुजंग॥

रहीम कहते हैं कि उत्तम प्रकृति के पुरुषों पर कुसंगति का कोई प्रभाव नहीं पड़ता, क्योंकि उनका चरित्र विकारहीन होता है। जैसे चंदन के वृक्षों पर साँप लिपटे रहते हैं, लेकिन उन पर उनके विष का कोई असर नहीं पड़ता।

जो रहीम ओछो बढ़ै, तो अति ही इतराय।
प्यादे सों फरजी भयो, टेढ़ो-टेढ़ो जाय॥

ओछे आदमी का नीच स्वभाव कभी नहीं बदलता। वह जैसे-जैसे उन्नति करता है, उसका नीच स्वभाव भी वैसे-वैसे बढ़ता जाता है। जैसे राजा का मुँह लगा सेवक जब मंत्री बन जाता है तो उसकी कुटिलता व चालाकी और बढ़ जाती हैं।

जो रहीम करिबो हुतो, ब्रज को यही हवाल।
तो काहे कर पर धर्‌यो, गोबर्धन गोपाल॥

गोपियों की तरफ से रहीम कहते हैं, 'हे गोपाल! अगर ब्रज को बेसहारा ही छोड़ना था तो उँगली पर गोवर्धन उठाया ही क्यों? तभी डूब जाने दिया होता ब्रज को। तभी सब समाप्त हो जाता।'

जो रहीम गति दीप की, कुल कपूत गति सोय।
बारे उजियारो लगै, बढ़े अँधेरो होय॥

रहीम कहते हैं, दीपक और कुल के कुपुत्र की स्थिति एक समान होती है। दीपक को जलाने पर उजाला होता है; वैसे ही बचपन में कुपुत्र घर को आशा के उजाले से भर देता है, लेकिन बड़ा होने पर अपने कुकर्मों से घर को अपमान और धिक्कार के अँधेरे से काला कर देता है।

जो रहीम भावी कतहुँ, होति आपने हाथ।
राम न जाते हरिन संग, सीय न रावण साथ॥

अगर भविष्य पढ़ना भगवान् राम के हाथ में होता तो वे न माया-मृग के पीछे जाते, न सीता का हरण होता। अर्थात् होनी को कोई नहीं टाल सकता।

जो रहीम होती कहूँ, प्रभु गति अपने हाथ।
तो काधों केहि मानतो, आप बढ़ाई साथ॥

यदि मनुष्य खुद अपना ईश्वर होता तो लाभ-हानि, जीवन-मृत्यु, यश-अपयश सबको अपने अनुसार नियंत्रित करता और किसी को भी अपने से बड़ा नहीं मानता। इसलिए ब्रह्म ने मनुष्य को अपने से कमजोर बनाया है। शक्ति के साथ सज्जनता जरूरी है।

जो रहीम मन हाथ है, तो तन कहुँ किन जाहिं।
ज्यों जल में छाया परे, काया भीजत नाहिं॥

जिसका अपने मन पर नियंत्रण है, उसका शरीर कहीं नहीं भटक सकता, चाहे वह बड़ी-से-बड़ी बुराइयों के बीच पहुँच जाए। जैसे जल में परछाईं पड़ने से शरीर नहीं भीगता। अर्थात् मन को साधने से शरीर स्वत: सध जाता है।

जो रहीम पगतर परो, रगरि नाक अरु सीस।
निठुरा आगे रोयबो, आँसु गारिबो खीस॥

ऐसे आदमी के पैरों में मत पड़ो, जो आपकी दया-याचना को ठुकरा दे। रहीम कहते हैं, ऐसे कठोर आदमी मनुष्य नहीं, शैतान होते हैं। इनके आगे अपने आँसू गिराकर बरबाद मत करो।

जो रहीम रहिबो चहो, कहौ वही को दाउ।
जो नृप वासर निशि कहे, तो कचपची दिखाउ॥

रहीम कहते हैं, यदि आप उन्नति के मार्ग पर आगे बढ़ना चाहते हैं तो समय के अनुसार चलें और जैसा आपका मालिक या राजा करे वैसा

ही करें। यदि राजा दिन को रात कहे तो आप फौरन आसमान में तारे दिखा दें।

ज्यों नाचत कठपूतरी, करम नचावत गात।
अपने हाथ रहीम ज्यों, नहीं आपने हाथ॥

जिस प्रकार कठपुतली किसी और के इशारे पर नाचती है, वैसे ही प्राणियों के कर्म उनके शरीर को नचाते हैं। ऐसे में हाथ-पैर और सारे अंग प्राणियों के नियंत्रण में नहीं रहते, किसी दैवी सत्ता के अधीन हो जाते हैं।

टूटे सुजन मनाइए, जो टूटे सौ बार।
रहिमन फिरि-फिर पोहिए, टूटे मुक्ताहार॥

आपका प्रिय मित्र या बंधु रूठ जाए तो उसे सौ-सौ बार भी मनाना पड़े तो मनाइए, क्योंकि मित्रता में कोई छोटा-बड़ा नहीं होता। छोटी-छोटी बातों से यूँ मित्रता को तोड़ा नहीं जाता। यह संबंध असाधारण होता है, जैसे मोतियों का हार जितनी भी बार टूटता है, उसे फिर से पिरोकर बना लिया जाता है।

तन रहीम है करम बस, मन राखौ वहि ओर।
जल में उलटी नाव ज्यों, खैंचत गुन के जोर॥

हमारा तन तो पूर्व-जन्म के कर्मों के अधीन होता है, लेकिन हमारा हृदय सब बंधनों से मुक्त होता है, इसलिए इसे आत्मनियंत्रित करके प्रभु भक्ति की ओर लगाएँ। जैसे बहाव के विरुद्ध तैरती नाव को रस्सी के सहारे खींचकर किनारे कर दिया जाता है, उसे डूबने तो नहीं दिया जाता।

तबहीं लो जीबो भलो, दीबो होय न धीम।
जग में रहिबो कुचित गति, उचित न होय रहीम॥

रहीम कहते हैं, जब तक जीवन है; खूब दान दें। जब दान देने की सामर्थ्य समाप्त हो जाए तो मर जाएँ। रहीम का मानना है कि बिना दान के जग में जीवन निरर्थक है।

तरुवर फल नहीं खात है, सरवर पियत न पान।
कहि रहीम परकाज हित, संपति-संचहिं सुजान॥

जिस प्रकार वृक्ष स्वयं अपने फल नहीं खाता और सरोवर स्वयं अपना पानी नहीं पीता, उसी प्रकार सज्जन पुरुष परमार्थ के लिए धन-दौलत का संग्रह करते हैं। अर्थात् संग्रह करना है तो परमार्थ के लिए करें।

तासो ही कछु पाइए, कीजे जाकी आस।
रीते सरवर पर गए, कैसे बुझे पियास॥

जिससे कुछ पाने की आशा हो, उससे ही कुछ पाया जा सकता है—अर्थात् जो संपत्तिवान् होगा, वही कुछ दान-दक्षिणा दे सकता है। सूखे जलाशय पर जाने से भला प्यास बुझ सकती है? इसलिए हमेशा समर्थ से ही माँगना चाहिए।

तै रहीम अब कौन है, एती खैंचत बाय।
खस कागद को पूतरा, नमी माँहि खुल जाय॥

हे मनुष्य! तू झूठे गर्व और अभिमान में इतना मत फूल। यह जीवन क्षणिक है और तू कागज का पुतला मात्र है, जो जरा सा पानी पड़ते ही गल सकता है। अतः झूठा घमंड त्याग दे।

थोथे बादर क्वार के, ज्यों रहीम घहरात।
धनी पुरुष निर्धन भए, करे पाछिली बात॥

जैसे क्वार के महीने में जल से रिक्त बादल केवल गरजते रहते हैं और लोग उसकी ओर ध्यान नहीं देते, वैसे ही धनी पुरुष जब निर्धन हो जाता है तो अपने धनी अतीत के किस्से लोगों को बढ़-चढ़कर सुनाता है, चाहे लोग रुचि लेकर सुनें या नहीं। इस आत्मप्रशंसा से बचना चाहिए।

दिव्य दीनता के रसहिं, का जाने जग अंधु।
भली विचारी दीनता, दीनबंधु से बंधु॥

निर्धनता में कितना रस, कितना आनंद होता है, यह धन के लोभ में अंधे हुए लोग नहीं समझ सकते। मुझे अपनी निर्धनता बहुत प्यारी है, जिसमें मैंने अपने प्रभु को पा लिया है। अतः अब दौलत मेरे लिए निरर्थक है।

दीन सबन को लखत है, दीनहिं लखै न कोय।
जो रहीम दीनहिं लखत, दीनबंधु सम होय॥

दीन-हीन लोग कुछ पाने की चाह में सबकी ओर देखते हैं, लेकिन उनकी ओर कोई ध्यान नहीं देता। वे खाली रह जाते हैं। रहीम कहते हैं, जो दीन-दुखियों के दुःख दूर करता है, उनकी सहायता करता है, वह साक्षात् प्रभु के समान हो जाता है।

दुःख नर सुनि हाँसी करैं, धरत रहीम न धीर।
कही सुनै सुनि-सुनि करै, ऐसे वे रघुबीर॥

लोगों के सामने अपना दुखड़ा मत रोओ। ये धीरज बँधाना तो दूर, केवल हँसने वाले हैं। भगवान् राम के पास जाओ, वे सबकी सुनते हैं और सुनकर तुरंत पीड़ा का निवारण करते हैं। वे कृपानिधान भगवान् राम ही एकमात्र ऐसे हैं।

दुरदिन परे रहीम कहि, दुश्थल जैयत भागि।
ठाढ़े हूजत घूर पर, जब घर लागति आगि॥

संकट की घड़ी में जहाँ प्राण बचें, वहीं भाग खड़े होना चाहिए। जब घर में आग लगती है तो उससे बचने के लिए हम गंदगी (घूरे) पर भी जा खड़े होते हैं। अर्थात् आकस्मिक स्थिति से बचने के लिए सबकुछ उचित है।

दुरदिन परे रहीम कहि, भूलत सब पहिचानि।
सोच नहीं वित हानि को, जो न होय हित हानि॥

संकट की घड़ी में अपने परिचित-प्रिय लोग भी हमें भूल जाते हैं, सामने से अनजान बने निकल जाते हैं। ऐसे में केवल धन की ही हानि नहीं होती, बल्कि मित्र और हितैषी भी साथ छोड़ देते हैं। इस प्रकार दोहरी हानि उठानी पड़ती है, जो बड़ी दुःखदायक होती है।

देनहार कोउ और है, भेजत सो दिन रैन।
लोग भरम हमपै धरैं, याते नीचे नैन॥

दान देनेवाला तो कोई और है, जो दिन-रात मुझे कुछ-न-कुछ देता रहता है, जिससे कि मैं दान-धर्म सुचारु रूप से करता रहूँ। लेकिन लोग

इस भ्रम में पड़े रहते हैं कि दान देनेवाला मैं हूँ, इसलिए दान देते समय मैं अपने नेत्र नीचे रखता हूँ।

दोनों रहिमन एक से, जौ लों बोलत नाहिं।
जान परत है काक पिक, ऋतु बसंत के माँहि॥

कौआ और कोयल रंग-रूप में एक समान होते हैं। उनमें भेद करना बहुत कठिन है। लेकिन वसंत ऋतु में जब कौआ काँव-काँव करता है और कोयल कूकती है तो सारा भेद खुल जाता है। अर्थात् बाहरी रूप-रंग धोखा दे सकता है, लेकिन भीतर से निकली आवाज निर्मल होती है।

धन थोरो इज्जत बड़ी, कह रहीम का बात।
जैसे कुल की कुलवधू, चिथड़न माहि समात॥

धन से इज्जत अधिक कीमती होती है। धन बार-बार कमाया जा सकता है, लेकिन इज्जत एक बार चली गई तो फिर नहीं कमाई जा सकती। जैसे घर की बहू के शरीर पर जीर्ण-शीर्ण वस्त्र हों तो उनमें भी वह अपनी इज्जत और परिवार की मान-मर्यादा को सँभाले रख सकती है। इस प्रकार धन-दौलत से चरित्र और शील बहुत ऊपर है।

धन दारा अरु सुतन सों, लग्यों है नित चित्त।
नहि रहीम कोऊ लख्यो, गाढ़े दिन को मित्त॥

अपना यौवन धन, स्त्री और संतान में ही न लगाए रहें। इस मोह-माया के क्षणिक सांसारिक सुख में तुम्हारा कल्याण नहीं है। वृद्धावस्था में तुम्हें जब किसी साथी की जरूरत होगी तो उसे कहाँ ढूँढ़ोगे? इसलिए अभी से प्रभु को अपना साथी बना लो। वे ही संकट में तुम्हारा साथ देंगे।

धनि रहीम जलपंक को, लघु जिय पियत अघाय।
उदधि बड़ाई कौन है, जगत पिआसो जाय॥

तालाब और जलाशयों का कीचड़-मिश्रित वह जल धन्य है, जो छोटे-मोटे जीवों की प्यास शांत कर देता है। वह महासागर किस काम का, जहाँ जाकर लोगों की प्यास न बुझे। अर्थात् बड़े लोगों का बड़प्पन छोटों के काम न आए तो वह बेमानी है। उससे तो गुमनाम सेवाभावी लोग भले हैं, जिन तक सबकी सहज पहुँच होती है।

धनि रहीम गति मीन की, जल बिछुरत जिय जाय।
जियत कंज तजि अनत बसि, कहा भौंर को भाय॥

धन्य है वह मछली, जो जल से अलग होते ही प्राण त्याग देती है और धिक्कार है ऐसे भौंरे को, जो एक फूल का रस पीते ही दूसरे पर जा बैठता है। प्रेम करो तो मछली की तरह करो।

धूर धरत नित सीस पर, कहु रहीम केहि काज।
जेहि रज मुनि पतनी तरी, सो ढूँढ़त गजराज॥

गजराज मार्ग की धूल को सूँड़ से अपने माथे पर मलता हुआ क्यों चलता है? शायद वह भगवान् श्रीराम की उस पवित्र-पावन चरण-रज को ढूँढ़ता चलता है, जिसके स्पर्श मात्र से गौतम मुनि की पत्नी अहल्या का उद्धार हो गया था। वह धूल कहीं मिल जाए तो उसका भी कल्याण हो जाए।

नात नेह दूरी भली, जो रहीम जिय जानि।
निकट निरादर होत है, ज्यों गड़ही को पानि॥

रिश्तेदारों से दूरी बनाए रखने पर ही स्नेह में गरमी बनी रह सकती है। निकट आते ही प्रेम-संबंध और घनिष्ठ नाते ठंडे पड़ जाते हैं, उनमें ठहराव आ जाता है। जैसे घर के निकट स्थित जलाशय को वह सम्मान कहाँ मिलता है, जो दूरस्थ जलाशय के जल को प्राप्त होता है।

नाद रीझि तन देत मृग, नर धन देत समेत।
ते रहिमन पसु ते अधिक, रीझेहुँ कछू न देत॥

सरगम की मधुर तान सुनकर मोहित हुआ मृग शिकारी का आसान शिकार बन जाता है। इसी प्रकार, कलाप्रिय पुरुष भी कलाकार की कृति पर मुग्ध होकर उसे धन देकर सम्मानित करता है। लेकिन कुछ ऐसे लोग भी होते हैं, जो प्रसन्न होने पर भी कुछ नहीं देते। ऐसे लोग पशुओं से भी गए-गुजरे होते हैं।

निज कर क्रिया रहीम कहि, सिधि भावी के हाथ।
पाँसे अपने हाथ में, दाँव न अपने हाथ॥

रहीम कहते हैं, समर्पित भाव से अपना कर्म करो। उसकी सिद्धि के फेर में मत पड़ो, वह तो ब्रह्म के हाथ में है। जैसे जुए के खेल में खिलाड़ी का अधिकार केवल पाँसे फेंकने तक में होता है, दाँव क्या लगेगा, यह ईश्वर की मरजी के अनुसार होता है।

परि रहिबो मरिबो भलो, सहिबो कठिन कलेस।
बामन ह्वै बलि को छल्यो, दियो भलो उपदेश॥

जीवन-मृत्यु के चक्र में उलझे रहो, कठिन संकट सह लो, चाहे मृत्यु को गले लगा लो; लेकिन किसी से छल-प्रपंच मत करो। विष्णुजी

ने वामन अवतार लेकर बलि के साथ छल किया तो शायद यही उपदेश देने के लिए कि छल करोगे तो बौने होकर अपनी ही दृष्टि में गिर जाओगे।

पसरि पत्र झंपहि पिटहिं, सकुचि देत ससि सीत।
कछु रहीम कुल कमल के, को बैरी को मीत॥

ग्रीष्म ऋतु में जलाशय का जल गरम न हो, इसलिए कमल की पंखुड़ियाँ फैलकर जल पर छा जाती हैं और रात्रि को सिकुड़ जाती हैं, ताकि चंद्रमा की शीतलता जल को मिल सके। जिस जलाशय के जल के पास कमल जैसा कुल-दीपक पुत्र हो उसके लिए किसी से मित्रता या शत्रुता का कोई अर्थ नहीं है, क्योंकि उसका तो पुत्र ही सब संबंधों को जी सकता है।

पात पात को सींचिबो, बरी बरी को लौन।
रहिमन ऐसी बुद्धि को, कहो बैरगो कौन॥

वृक्ष की वृद्धि के लिए उसके पत्ते-पत्ते को नहीं सींचा जाता, न ही एक-एक बड़ी में नमक डाला जाता है; बल्कि पूरी पीठी में एक साथ नमक मिलाया जाता है। जो लोग पत्ते-पत्ते को सींचते हैं और बड़ी-बड़ी में नमक मिलाते हैं; उनकी निंदा होती है। अतः जड़ को सींचो, तभी सार्थक फल मिलेगा।

पावस देखि रहीम मन, कोइल साधे मौन।
अब दादुर वक्ता भए, हम को पूछत कौन॥

वर्षा ऋतु के आते ही कोयल मौन साध लेती है, क्योंकि यह मौसम मेढकों के टर्राने का होता है। वह मौन रखकर अपनी ऋतु की प्रतीक्षा

करती है, जब उसे कूकने का मौका मिलेगा। अर्थात् उचित समय का धैर्यपूर्वक इंतजार और उचित समय पर ही उचित कार्य करें।

प्रीतम छवि नैनन बसि, पर छवि कहाँ समाय।
भरी सराय रहीम लखि, आपु पथिक फिर जाय॥

नेत्रों में प्रेमी या प्रेमिका की छवि बसी हो तो किसी और छवि के लिए स्थान ही कहाँ बचता है! धर्मशाला यात्रियों से भरी हो तो नया यात्री स्वत: लौट जाता है।

बड़ माया को दोष यह, जो कबहूँ घटि जाय।
तो रहीम गरिबो भलो, दुख सहि जिए बलाय॥

बड़ा धनी आदमी जब कभी निर्धन होता है तो उसे बड़ा कष्ट झेलना पड़ता है। उसकी पुरानी आदतें आफत के समान उसका पीछा करती हैं और उनसे छुटकारा पाने के लिए वह मृत्यु को बेहतर समझता है। अर्थात् माया का इतना मोह अनुचित है।

बड़े दीन को दुख सुने, लेत दया उर आनि।
हरि हाथी सों कब हुती, कहु रहीम पहिचानि॥

बड़े लोग दीन-दुखियों के दु:ख देखकर करुणा से भर जाते हैं और फौरन उनकी सहायता को तत्पर हो जाते हैं। मगरमच्छ की जकड़ में फँसे हाथी से भगवान् विष्णु की कौन सी जान-पहचान थी, लेकिन उसकी पुकार सुनते ही वे सहायता के लिए दौड़े चले आए। बड़ों की यही विशेषता है। वे प्राणिमात्र के दु:ख में द्रवित हो जाते हैं।

बड़े बड़ाई नहिं तजैं, लघु रहीम इतराइ।
राइ करौंदा होत है, कटहर होत न राइ॥

बड़े, धीर-गंभीर और विवेकी पुरुष अपना बड़प्पन व गंभीरता कभी नहीं त्यागते; लेकिन निम्न कोटि के लोग अकसर घमंड में चूर रहते हैं। करौंदा अपने विकास के आरंभिक दौर में राई के बराबर होता है, लेकिन कटहल कभी राई के समान छोटा नहीं होता।

बड़े बड़ाई ना करें, बड़े न बोलें बोल।
रहिमन हीरा कब कहै, लाख टका है मोल॥

बड़े लोगों का स्वभाव होता है कि वे अपने मुँह से अपनी बड़ाई कभी नहीं करते, न ही वे बड़ी-बड़ी बातें करते हैं। हीरा कभी अपने मुँह से नहीं कहता कि उसकी कीमत लाख रुपए है।

बढ़त रहीम धनाढ्य धन, धनौं धनी को जाइ।
घटै-बढ़ै वाको कहा, भीख माँगि जो खाइ॥

धनवान दिन-दिन और धनी होता जाता है, इस प्रकार धन ही धन को खींचता है। इसके विपरीत गरीब लोग गरीब बने रहते हैं। जो लोग भीख माँगकर खाते हैं, उनके लिए यह बात निरर्थक है कि कहाँ धन घट रहा है और कहाँ बढ़ रहा है। इन बातों से यह बात झूठी पड़ जाती है कि लक्ष्मी चंचल होती है। वह तो एक ही स्थान पर ठहरी दिखती है।

बरु रहीम कानन बसिय, असन करिय फल तोय।
बंधु मध्य गति दीन ह्वै, बसिबो उचित न होय॥

रहीम कहते हैं, जंगल में जाकर बस जाओ और जंगली फल व पानी पीकर गुजारा कर लो; लेकिन उन बंधु-बांधवों के बीच मत रहो,

जिनके बीच तुमने संपन्न जीवन गुजारा हो; क्योंकि उनमें से कोई तुम्हारी सहायता नहीं करेगा, बल्कि हँसी उड़ानेवाले ही अधिक होंगे।

बसि कुसंग चाहत कुसल, यह रहीम जिय सोस।
महिमा घटी समुंद्र की, रावन बस्यो परोस॥

बुरे लोगों के साथ रहकर कुशलता की उम्मीद नहीं करनी चाहिए। समुद्र के पड़ोस में रावण रहने लगा तो समुद्र की महिमा भी घट गई थी। राम की सेना उसे रौंदकर लंका पहुँची थी। अर्थात् पड़ोस में कोई बुरा आदमी हो तो उससे दूर रहना चाहिए। दूसरे शब्दों में बुराई से हमेशा दूर रहना चाहिए।

बिगरी बात बने नहीं, लाख करो किन कोय।
रहिमन बिगरै दूध को, मथे न माखन होय॥

बिगड़ी बात को लाख उपाय करके भी सँवारा नहीं जा सकता है, जैसे फटे दूध से लाख मथकर भी मक्खन नहीं निकलता। इसलिए बात को बिगड़ने ही न दें। वाणी पर नियंत्रण रखें, क्योंकि वाणी शत्रु को भी मित्र बना सकती है और मित्र को शत्रु।

बिपति भए धन ना रहै, रहै जो लाख करोर।
नभ तारे छिपि जात हैं, ज्यों रहीम ये भोर॥

विपत्ति और संपत्ति दो विपरीत ध्रुव हैं, जो कभी साथ नहीं रहते। संकट आने पर लाखों-करोड़ों की संपत्ति भी पानी की तरह बहकर बरबाद हो जाती है, जैसे भोर होते ही गगन के कोटि-कोटि तारे अदृश्य हो जाते हैं।

भजौं तो काको मैं भजौं, तजौं तो काको आन।
भजन तजन से बिलग हैं, तेहिं रहीम जू जान॥

हे रहीम! तेरे ईश्वर तेरे हृदय में बसते हैं, इसलिए तुझे किसी के भजन की जरूरत नहीं है। और तू सबका है और सब तेरे हैं, इसलिए तुझे किसी को छोड़ने की भी जरूरत नहीं है। रहीम किसी को भजने या किसी को छोड़ने से सर्वथा परे हैं, क्योंकि वे जानते हैं कि सृष्टि के कण-कण में ईश्वर समाया है, इसलिए वे समदृष्टि हैं।

भलो भयो घर से छुट्यो, हस्यो सीस परिखेत।
काके काके नवत हम, अपत पेट के हेत॥

रणभूमि में किसी वीर का सिर धड़ से कटकर नीचे गिरा तो हँसकर बोला, 'इस सम्मानजनक मृत्यु को प्रणाम! वरना पेट पालने के लिए मुझे न जाने किस-किसके आगे अपना सिर झुकाना पड़ता।' स्वाभिमानी लोग याचना की अपेक्षा मृत्यु को श्रेयस्कर समझते हैं।

भावी काहू ना दही, दही एक भगवान।
भावी ऐसा प्रबल है, कहि रहीम यह जान॥

होनी की मार से कोई नहीं बच सकता। इसने भगवान् राम और कृष्ण को भी खूब छकाया। होनी अटल होती है, इसे कोई नहीं पलट सकता। इसलिए शांत रहकर इसके टलने की प्रतीक्षा करें।

भावी या उनमान की, पांडव बनहिं रहीम।
तदपि गौरि सुनि बाँझ, बरु है संभु अजीम॥

होनी ब्रह्म की एक प्रचंड और अटल मारक शक्ति है। इसने शक्ति-संपन्न पांडवों को वनवास दिलवाया। इसी ने सृष्टि के संहारक भगवान्

शिव की पत्नी गौरा-पार्वती को निस्संतान रखा। इस संवेदनहीन होनी से दया की आशा रखना व्यर्थ है।

भीत गिरि पाखान की, अररानी वहि ठाम।
अब रहीम धोखो यहै, को लागै केहि काम॥

प्रकृति की मार से किले का एक भाग भरभराकर ढह गया। अब देखना यह होगा कि कौन सा पत्थर कहाँ इस्तेमाल होता है। हो सकता है, शिखर का पत्थर नींव में पहुँच जाए और नींव का पत्थर शिखर की शोभा बन जाए। अर्थात् समय का कोई भरोसा नहीं है। क्षणों के फेर में राजा रंक और रंक राजा बन सकते हैं।

भूप गनत लघु गुनिन को, गुनी गुनत लघु भूप।
रहिमन गिरि ते भूमि लौं, लखौ तौ एकै रूप॥

राजा लोग गुणवानों के गुणों को कम करके आँकते हैं और गुणवान् लोग राजा की हैसियत को कम करके देखते हैं। रहीम कहते हैं, पर्वत, खाई और मैदान—सभी पृथ्वी के ही अंग हैं। इसी प्रकार सभी मनुष्य एक ही ईश्वर की संतान हैं, फिर यह भेदभाव क्यों?

मथत-मथत माखन रहै, दही मही बिलगाय।
रहिमन सोई मीत है, भीर परे ठहराय॥

दही को बार-बार मथा जाता है, चोट पहुँचाई जाती है तो मक्खन उसके बचाव में आगे आ जाता है, जो अभी तक पूरी तरह उसमें छिपा हुआ था। ऐसे ही, जो सच्चे मित्र होते हैं, मुसीबत पड़ने पर फौरन साथ देने आ जाते हैं और सुख के दिनों में दूरी बनाए रखते हैं।

महि नभ सर पंजर कियो, रहिमन बल अवसेष।
सो अर्जुन बैराट घर, रहे नारि के भेष॥

उजाड़ खांडव-प्रदेश को बसाने के लिए उसके जंगल में आग लगाई गई तो इंद्र ने उसे बुझाने के लिए वर्षा आरंभ कर दी। तब महारथी अर्जुन ने अनगिनत बाणों से पृथ्वी से आकाश तक एक पिंजरा-सा बना दिया था। उसी महापुरुष अर्जुन ने राजा विराट के यहाँ स्त्री-वेश में रहकर अपना अज्ञातवास काटा। इसे कहते हैं होनी।

मान सरोवर ही मिलैं, हंसिन मुक्ता भोग।
सफरिन भरे रहीम सर, बक बालक नहिं जोग॥

हंसों को मोतियों का दाना सुदूर मानसरोवर में ही मिल सकता है। बगुलों और उनके बच्चों के लिए तालाब तो स्थान-स्थान पर मछलियों से भरे पड़े हैं। अर्थात् उत्तम लोग उत्तम चीजों का सेवन करते हैं, जैसे प्रभु-भक्ति; और निम्न लोग क्षुद्र वासना, माया और मोह जैसी निम्न सांसारिक वस्तुओं के उपभोग में ही लिप्त रहते हैं।

मान सहित विष खाय के , संभु भए जगदीस।
बिना मान अमृत पिए, राहु कटायो सीस॥

देवगण ने कृतज्ञता से विष प्रस्तुत किया तो जगत्-कल्याण के लिए भोले शंकर ने उसे सप्रेम ग्रहण कर लिया और वे जगदीश्वर के रूप में पूजित हुए। और राहु ने कुटिलता से अमृतपान किया तो उसे अपना सिर कटाना पड़ा और अपमानित होना पड़ा सो अलग। अर्थात् मान का विषपान भी बड़ा है और अपमानपूर्वक राजसिंहासन भी ग्रहणीय नहीं है।

माघ मास लहि टेसुआ, मीन परे थल और।
त्यों रहीम जग जानिए, छुटे आपने ठौर॥

माघ का महीना आने पर टेसू का झाड़ फूलरहित होकर उजाड़ और प्रभाहीन हो जाता है। चंचला, अठखेलियाँ करती मछली भी जल की धारा से अलग होकर धरती पर आती है और प्रभाहीन होकर निश्चल हो जाती है। इसी प्रकार जब किसी व्यक्ति को उसके उच्च सत्तासीन पद से हटा दिया जाता है तो वह जगत् में प्रभाहीन होकर उपेक्षा का शिकार हो जाता है।

माँगे घटत रहीम पद, कितौ करो बड़ काम।
तीन पैग वसुधा करी, तऊ बावने नाम॥

आदमी चाहे कितना भी बड़ा हो, एक बार याचक बनते ही उसका बड़प्पन धूमिल हो जाता है, फिर बाद में चाहे वह कितना ही बड़ा काम क्यों न कर ले, उसकी प्रतिष्ठा वापस नहीं आती। जैसे वामन भगवान् ने तीन पग में ही पृथ्वी, आकाश और पाताल को नाप लिया था, तब भी उन्हें बौना (वामन) ही कहा जाता है।

माँगे मुकरि न को गयो, केहि न त्यागियो साथ।
माँगत आगे सुख लह्यो, ते रहीम रघुनाथ॥

माँगने पर किसने इनकार नहीं किया, किसने साथ नहीं छोड़ा? अर्थात् सबने इनकार किया और साथ छोड़ दिया। लेकिन एकमात्र भगवान् राम ही हैं, जो याचक को देखकर प्रसन्न होते हैं और उसकी सभी कामनाएँ पूरी कर देते हैं। इसलिए लोगों की बजाय भगवान् से माँगो।

मुक्ता कर करपूर कर, चातक-जीवन जोय।
एतो बड़ो रहीम जल, ब्याल बदन बिस होय॥

स्वाति नक्षत्र का वर्षा-जल, जो चातक पक्षी का जीवन है, जब यह समुद्री सीप के मुँह में गिरता है तो मोती बन जाता है, केले में गिरकर कर्पूर बनता है और सर्प के मुँह में गिरकर विष बन जाता है। इसी प्रकार [illegible]ंगति और कुसंगति का भी प्रभाव है, अर्थात् जैसी संगति वैस[illegible]

मुनि नारी पाषान ही, कपि पसु गुह मातंग।
तीनों तारे रामजू, तीनों मेरे अंग॥

हे प्रभु राम! आपने गौतम मुनि की पाषाण-पत्नी अहल्या का उद्धार किया, अपनी पशु स्वभाव वानर सेना और निषादराज निम्न जाति गुह का कल्याण किया, जो जन्म से चांडाल था। मुझमें ये तीनों अवगुण बसे हैं। मेरा हृदय पत्थर सदृश है, भजन-पूजन मुझे आता नहीं है, इसलिए पशु-स्वभावी हूँ और कर्मों से चांडाल हूँ। अतः एकमात्र आप ही हैं, जो मेरा उद्धार कर सकते हैं।

मूढ़ मंडली में सुजन, ठहरत नहीं बिसेख।
स्याम कंचन में सेत ज्यों, दूरि कीजिअत देख॥

मूर्खों के बीच सज्जन व्यक्ति अधिक देर तक नहीं ठहर सकता। जल्दी ही उसका मन व्याकुल हो जाता है और वह वहाँ से चला जाता है। जैसे काले बालों के बीच से सफेद बाल को तोड़कर अलग कर दिया जाता है; वैसे ही सभी अपने-अपने उचित स्थान पर प्रसन्न रहते हैं।

रहीम दोहावली / 73

मंदन के मरिहू गए, अवगुन गुन न सराहि।
ज्यों रहीम बाँधहु बँधै, मरवा ह्वै अधिकाहि॥

दुष्टों के मरने पर भी उनके दुर्गुण उनके साथ नहीं जाते, बल्कि उन्हें वे अपने साथियों को सौंप जाते हैं और वे अधिक प्रबलता से दुष्टता पर उतर आते हैं। जैसे बाघ द्वारा असमय मृत्यु को प्राप्त दुर्जन व्यक्ति अपनी प्रेत योनि में और अधिक उद्दंड व उत्पाती हो जाता है।

यद्यपि अवनि अनेक हैं, कूपवंत सर ताल।
रहिमन मान सरोवरहिं, मनसा करत मराल॥

वैसे तो धरती पर असंख्य तालाब, झीलें, जलाशय और जलस्रोत हैं, लेकिन हंसों को मानसरोवर के जल में ही आनंद मिलता है। संत-महात्मा और महापुरुषों को प्रभु-भक्ति जैसे दैवी कार्य में ही आनंद मिलता है और साधारण जन मोह-माया को ही सबकुछ समझते हैं।

यह रहीम मानै नहीं, दिल से नवा जो होय।
चीता चोर कमान के, नए ते अवगुन होय॥

यह आवश्यक नहीं है कि जो व्यक्ति आपसे झुककर, विनम्रता से बात करता है, दिल से भी विनम्र हो। जैसे चीता शिकार के समय, चोर सेंध लगाते समय और तीर कमान पर चढ़ते समय झुके रहते हैं; लेकिन ऐसा करते समय वे किसी का हित नहीं साधते हैं। ऐसे दुष्टों से सावधान रहना चाहिए।

यह रहीम निज संग लै, जनमत जगत न कोय।
बैर प्रीति अभ्यास जस, होत-होत ही होय॥

शत्रुता, प्रेम, अभ्यास और यश—ये ऐसे गुण हैं, जो धीरे-धीरे समय गुजरने के साथ अर्जित किए जाते हैं। इन्हें कोई लेकर पैदा नहीं होता। व्यक्ति का जैसा स्वभाव होता है, वह वैसे ही गुण या अवगुण अर्जित करता है। कोशिश यह होनी चाहिए कि अवगुणों से बचा जाए और गुण को विकसित किया जाए।

यों रहीम सुख-दुख सहत, बड़े लोग सह साँति।
उदर चंद चोहि भाँति सों, अथवत ताही भाँति॥

महान् लोग सुख और दुःख, मान और अपमान, उत्थान और पतन—प्रत्येक सम या विषम स्थिति को शांति से सह लेते हैं। जैसे चंद्रमा जिस तेज के साथ उदय होता है, उसी तेज के साथ अस्त होता है। यही स्थिति उत्तम पुरुष की होती है, जो संघर्ष और संपन्नता—दोनों में सम रहते हैं।

रन बन व्याधि विपत्ति में, रहिमन मरै न रोय।
जो रच्छक जननी जठर, सो हरि गए कि सोय॥

रणभूमि में शत्रुओं से, वन में भयानक जीवों से, भीषण बीमारी में और दारुण कष्ट में—चाहे जो स्थिति हो, कभी मत डरो। ईश्वर हमेशा तुम्हारे साथ है। वही माँ के उदर में तुम्हारा रक्षक था। वह सदा जागता है, सावधान रहता है तुम्हारी रक्षा को।

रहिमन अति न कीजिए, गहि रहिए निज कानि।
सैंजन अति फूलै तऊ, डार पात की हानि॥

अपनी मर्यादा में रहें। अति के साथ अंत जुड़ा है। जैसे जब कभी सहजन की फली जरूरत से अधिक फूल जाती है तो अपनी कोमल

डालियों और पत्तों को ही तोड़ डालती है, वैसे ही मर्यादा का अतिक्रमण स्वयं के लिए ही घातक होता है।

रहिमन अब वे बिरिछ कहँ, जिनकी छाँह गँभीर।
बागन बिच-बिच देखियत, सेहुड़ कंज करीर॥

रहीम कहते हैं, अब बाग-बगीचों में ऐसे वृक्ष कहाँ रह गए हैं, जिनकी छाँव शीतल और शांतिदायक होती थी। अब तो वहाँ केवल काँटेदार निरर्थक वृक्ष बचे हैं। अर्थात् संसार में आज महापुरुष ढूँढ़े नहीं मिलते, जो ज्ञान और विवेक से लोगों को कल्याण का मार्ग दिखाते थे। आज तो हर कहीं मूर्खों की भीड़ है।

रहिमन असमय के परे, हित-अनहित ह्वै जाय।
बधिक बधै मृग बान सों, रुधिरै देत बताय॥

बुरे समय में अपने लोग भी शत्रु बन जाते हैं, भलाई भी बुराई में बदल जाती है। शिकारी के बाण से घायल होकर हिरण झाड़ी में जाकर छुपता है तो उसके रक्त की बूँदें ही उसका पता बता देती हैं। इस प्रकार अपना रक्त ही उसका शत्रु हो जाता है।

रहिमन अँसुवा नयन ढरि, जिय दुख प्रगट करेइ।
जाहि निकारो गेह तैं, कस न भेद कहि देइ॥

लाख रोकने की कोशिश के बावजूद आँसू निकल ही जाते हैं और अपने मन की पीड़ा का प्रकटीकरण कर देते हैं। इसी प्रकार घर का भेद जाननेवाले को प्रताड़ित करके बाहर निकाल दिया जाए तो वह गंभीर खतरा बन जाता है। इसीलिए तो कहा गया है—घर का भेदी लंका ढाए।

रहिमन आँटा के लगे, बाजत है दिन-रात।
घिउ शक्कर जे खात हैं, तिनकी कहाँ बिसात॥

मृदंग, ढोल, नगाड़ों आदि पर आटे का लेप करके मनचाहा स्वर निकाला जा सकता है, फिर जो किसी के अधीनस्थ हैं और मालिक से प्राप्त घी-शक्कर यानी समुचित सुख-सुविधाओं का उपभोग करते हैं, वे उसके विरुद्ध कैसे हो सकते हैं। वे तो सदैव उसकी हाँ में हाँ मिलाते हैं।

रहिमन आलस भजन में, विषय सुखहिं लपटाय।
घास चरै पसु स्वाद तै, गुरु गुलिलाएँ खाय॥

सामान्य तौर पर लोगों को प्रभु-भक्ति में आलस्य आता है। वे इससे दूर भागते हैं और क्षणिक सांसारिक सुखों को ही जीवन का लक्ष्य मान लेते हैं। जैसे मूर्ख पशु घास तो स्वाद ले-लेकर चरते हैं, लेकिन गुड़ खिलाने के लिए उनके साथ जबरदस्ती करनी पड़ती है।

रहिमन उजली प्रकृति को, नहीं नीच को संग।
करिया वासन कर गहे, कालिख लागत अंग॥

सज्जन पुरुषों को नीच के साथ से हमेशा बचना चाहिए। नीच का साथ कुछ-न-कुछ दुष्प्रभाव अवश्य छोड़ता है। जैसे कालिख चढ़े बरतन को पकड़ने से हाथ काले हो जाते हैं वैसे ही दुर्जन का साथ बदनामी का दाग लगा सकता है।

रहिमन ओछे नरन सों, बैर भलो न प्रीति।
काटे-चाटे स्वान के, दुहूँ भाँति विपरीत॥

नीच लोगों से न शत्रुता करो, न प्रेम। शत्रुता करोगे तो वे आघात पहुँचाएँगे, मित्रता करोगे तो कलंक लगाएँगे। जैसे कुत्ते को दुत्कारो तो वह काटने को पड़ता है और प्रेम करो तो चाटने लगता है। इस प्रकार, वह दोनों तरह से विषम व्यवहार करता है।

रहिमन कठिन चितान ते, चिंता को चित चेत।
चिता दहति निर्जीव को, चिंता जीव समेत॥

चिंता चिता से भी कहीं अधिक घातक होती है। चिता तो निर्जीव को जलाती है, लेकिन चिंता व्यक्ति को जीते-जी ही जला डालती है। इसलिए चिंता से बचना चाहिए।

रहिमन कबहुँ बड़ेन के, नाहिं गरब को लेस।
भार धरे संसार को, तऊ कहावत सेस॥

बड़े और महान् लोगों में गर्व एवं अहंकार नाममात्र को नहीं होता। उनका निरभिमानी जीवन लोगों के लिए अनुकरणीय होता है। जैसे शेषनाग पूरी पृथ्वी को फनों पर धारण किए हैं, फिर भी 'शेष' अर्थात् नगण्य कहलाते हैं। इससे उनका मान या पद घट नहीं जाता।

रहिमन करि सम बल नहीं, मानत प्रभु की धाक।
दाँत दिखावत दीन ह्वै, चलत घिसावत नाक॥

धरती पर हाथी के समान बलवान् प्राणी कोई नहीं है। बलवान् के साथ-साथ यह प्रभु का सच्चा सेवक भी है, तभी तो विनम्रता से दाँत दिखाते और नाक (सूँड़) को जमीन पर रगड़ते हुए चलता है, मानो कण-कण में विद्यमान ईश्वर का स्पर्श-नमन कर रहा हो।

रहिमन कुटिल कुठार ज्यों, करि डारत द्वै टूक।
चतुरन को कसकत रहे, समय चूक की हूक॥

उचित समय को पहचानकर समुचित काम न किया तो समय गुजर जाता है और हम पछताते रह जाते हैं। जैसे तेज धारवाली कुल्हाड़ी लकड़ी को काट देती है, वैसे ही समय की चूक चतुर लोगों का दिल दुखाती रहती है। गुजरा समय भी वापस नहीं आता और वह कसक भी जीवन भर बनी रहती है। इसलिए समय की कद्र करें।

रहिमन खोजे ऊख में जहाँ रसनि की खानि।
जहाँ गाँठ तहँ रस नहीं, यही प्रीति में हानि॥

गन्ना रस का भंडार होता है, लेकिन जहाँ-जहाँ गाँठ होती है, वहाँ-वहाँ रस का अभाव होता है; यही कारण है कि गन्ने को चूसते समय गाँठों को अलग कर दिया जाता है। प्रेम में गाँठ या छल-कपट होने पर अलगाव की स्थिति पैदा हो जाती है। इसलिए प्रेम में निर्मलता रखें।

रहिमन खोटी आदि की, जो परिनाम लखाय।
जैसे दीपक तम भखै, कज्जन वमन कराय॥

किसी काम की शुरुआत बुरी होती है तो अकसर अंत भी बुरा होता है। यहाँ तक कि जो दीपक अँधेरे को खाता है, उसकी कालिख ही अंत में उसकी ज्योति को निगल जाती है। इसलिए कार्य के परिणाम पर दृष्टिपात करके ही कार्य का शुभारंभ करना चाहिए।

रहिमन धरिया रहँट की, त्यों ओछे की डीठ।
रीतेहि सन्मुख होत है, भरी दिखावै पीठ॥

रहँट का जल पात्र और नीच आदमी एक जैसा आचरण करते हैं। रहँट जब खाली होता है तो मुँह दिखाता जाता है और भरा होता है तो पीठ सामने कर लेता है। इसी प्रकार, नीच आदमी को कोई काम पड़ता है तो झट सामने आ जाता है और काम निकल जाने पर पीठ दिखाकर अनजान बन जाता है। अर्थात् उपकार को कभी न भूलें। कृतज्ञ बनें।

रहिमन गली है साँकरी, दूजो ना ठहराहिं।
आपु अहै तो हरि नहीं, हरि तो आपुन नाहिं॥

तुम्हारे अंतर्मन की गली बहुत संकीर्ण है। इसमें केवल एक ही व्यक्ति समा सकता है। यदि इसमें तुम्हारा अहं भाव रहेगा तो प्रभु नहीं समा पाएँगे और हरि को बसाओगे तो अहं भाव को जगह खाली करनी होगी। फैसला तुम्हारे हाथ में है।

रहिमन चाक कुम्हार को, माँगे दिया न देइ।
छेद में डंडा डारि कै, चहै नाँद लै लेइ॥

कुम्हार के चाक से आप विनयपूर्वक दीया माँगेंगे तो वह नहीं देगा, लेकिन जब उसके छिद्र में डंडा डालकर घुमाया जाता है, उसे प्रताड़ित किया जाता है तो वह दीया तो क्या नाँद भी दे देता है। यही गति दुष्टों की होती है। वे भी प्रेम की भाषा नहीं समझते। इसे वे कमजोरी समझते हैं। उन्हें भी समझाने के लिए प्रताड़ित करना पड़ता है।

रहिमन चुप ह्वै बैठिए, देखि दिनन को फेर।
जब नीकै दिन आइहैं, बनत न लगिहैं बेर॥

जीवन में जब भी मुसीबत के दिन आएँ तो धैर्य धारण कर लें और

शांत होकर मुसीबत के तूफान को गुजरने दें। स्वयं को उसके हवाले कर दें। फिर जब अच्छा समय आएगा तो चटपट सबकुछ ठीक हो जाएगा। बस, समय का इंतजार करें।

रहिमन छोटे नरन सों, होत बड़ो नहिं काम।
मढ़ो दमामो ना बने, सौ चूहे के चाम॥

छोटे लोग छोटे काम तो बड़ी होशियारी से कर सकते हैं, लेकिन चाहकर भी बड़े काम को सफलतापूर्वक नहीं कर पाते। इसके लिए उन्हें कोसना या उपेक्षित नहीं करना चाहिए, क्योंकि वे बड़े कामों के लिए उपयुक्त ही नहीं होते। जैसे सौ चूहों की खालों से भी नगाड़े को नहीं मढ़ा जा सकता, इसमें चूहे का कोई दोष नहीं है।

रहिमन जग जीवन बड़े, काहु न देखे नैन।
जाय दसानन अछत ही, कपि लागे गथ लैन॥

जीवन में आरंभ से अंत तक व्यक्ति का प्रताप और प्रभुत्व एक समान बने रहें, ऐसा कम ही देखने में आता है। महाप्रतापी रावण भी अपनी महिमा को अक्षर नहीं रख सका। भगवान् राम की वानर सेना ने उसके वैभव व प्रतिष्ठा को मटियामेट करके रख दिया और उसका पतन हो गया।

रहिमन जिह्वा बावरी, कहिगै सरग पताल।
आपु तो कहि भीतर रही, जूती खात कपाल॥

शब्दों को तौल-मोलकर बोलना चाहिए, क्योंकि शब्दों की मार गहरे तक असर करती है। घाव तो भर जाता है, लेकिन शब्दों से लगा

घाव जीवन भर टीसता है। यह जीभ बहुत पागल है, जो कुछ भी बोलकर झट मुँह के भीतर चली जाती है और जूते सिर को खाने पड़ते हैं। अत: सोच-समझकर बोलें।

रहिमन जो तुम कहत थे, संगति ही गुन होय।
बीच उखारी रसभरा, रस काहै ना होय॥

कभी-कभी सत्संगति में बैठने का भी लाभ नहीं मिलता। ईख के खेत में उगने वाला कड़वा पौधा मीठी ईख के साथ रहकर भी कड़वापन नहीं छोड़ता। तभी तो कहा गया है, दुर्जन विष उगलना कभी नहीं छोड़ता।

रहिमन ठठरी धूर की, रही पवन ते पूरि।
गाँठ युक्ति की खुलि गई, अंत धूरि की धूरि॥

यह चलता-फिरता शरीर हाड़-मांस का धूल भरा ढाँचा है, जो वायु, पृथ्वी, आकाश, अग्नि और जल—इन पंच तत्त्वों से मिलकर बना है। इस ढाँचे से इन तत्त्वों के निकलते ही यह पुन: धूल सदृश हो जाता है अर्थात् मृत्यु को प्राप्त हो जाता है। इसलिए इस क्षणिक शरीर पर गर्व नहीं करना चाहिए, बल्कि इसे कल्याण-मार्ग में संलग्न करना चाहिए।

रहिमन तब लगि ठहरिए, दान मान सम्मान।
घटत मान देखिए जबहि, तुरतहिं करिय पयान॥

किसी के यहाँ अतिथि बनकर ठहरें तो अपने मान-सम्मान, सेवा-सत्कार का ध्यान रखें। जब आपको लगे कि आपकी उपेक्षा होने लगी है, उस पल तुरंत ही वह स्थान छोड़ देना चाहिए। उपेक्षा से आत्मसम्मान को ठेस पहुँचती है, अत: ऐसी स्थिति से बचना चाहिए।

रहिमन तीन प्रकार ते, हित अनहित पहिचानि।
पर बस परे परोस बस, परे मामिला जानि॥

मित्रों की भीड़ में सच्चे हितैषी की पहचान तीन प्रकार से की जा सकती है। एक, जब व्यक्ति दूसरे के अधीन रहकर दुःखपूर्ण जीवन-यापन कर रहा हो; दो, उसका कोई मित्र उसके पड़ोस में रहता हो तीन, वह कोर्ट-कचहरी के किसी विवाद में फँस गया हो। सच्चा हितैषी हर स्थिति में व्यक्ति का साथ देता है।

पाँच रूप पांडव भए, रथ बाहक नलराज।
दुरदिन परे रहीम कहि, बड़े किए घटि काज॥

महापुरुष बुरे समय को भी छोटे-मोटे काम करके धैर्यपूर्वक व्यतीत कर देते हैं। अज्ञातवास का कठिन समय गुजारने के लिए पांडवों ने पाँच रूप रख लिये थे और महाराज नल ने अपने दुर्दिनों को सारथि बनकर बिताया था। इसलिए मुसीबत में धैर्य आवश्यक है।

रहिमन दानि दरिद्रतर, तऊ जाँचिबे योग।
ज्यों सरितन सूखा परे, कुआँ खनावत लोग॥

कोई दानशील चाहे कितना ही दरिद्र क्यों न हो जाए, तब भी उससे दान माँगा जा सकता है, क्योंकि उनके पास देने के लिए तब भी कुछ-न-कुछ अवश्य होता है और वह हमेशा यह चाहता है कि कोई उसके द्वार से खाली न जाए। जैसे गरमी में जो नदियाँ सूख जाती हैं, लोग उनके बीच कुएँ खोद लेते हैं और नदियों के गर्भ से शीतल जल निकल आता है।

रहिमन देखि बड़ेन को, लघु न दीजिए डारि।
जहाँ काम आवै सुई, कहा करै तलवारि॥

बड़ों के बीच छोटों की उपेक्षा कभी नहीं करें, क्योंकि जितने महत्त्वपूर्ण बड़े होते हैं उतने ही छोटे भी। यदि हमें फटा वस्त्र सिलना हो तो वहाँ छोटी सी सुई ही सहायक हो सकती है, बड़ी तलवार काम नहीं आ सकती।

रहिमन धागा प्रेम का, मत तोड़ो चटकाय।
टूटे से फिर ना जुरे, जुरे गाँठ पड़ जाय॥

प्रेम का धागा या प्रेम का बंधन बहुत नाजुक होता है, इसलिए इस बंधन का निर्वहन बहुत सावधानीपूर्वक करना चाहिए, क्योंकि जरा सी भी ठेस लगने से यह चटककर टूट सकता है; फिर इसमें गाँठ पड़ जाती है, जो सदैव उस टूटन की याद दिलाती रहती है। फिर प्रेम में वैसी गरमाहट नहीं रहती। अतः इसमें विशेष सावधानी बरतनी चाहिए।

रहिमन धोखे भाव से, मुख से निकसे राम।
पावत पूरन परम गति, कामादिक कौ धाम॥

राम का नाम भवसागर से पार पाने का अचूक अस्त्र है। कोई भूल से भी राम-नाम का सुमिरन कर लेता है तो उसका कल्याण हो जाता है; फिर चाहे वह काम, क्रोध, लोभ, मोह आदि विकारों से ही ग्रस्त क्यों न हो।

रहिमन निज संपत्ति बिन, कोउ न बिपति सहाय।
बिनु पानी ज्यों जलज को, नहिं रवि सकै बचाय॥

धन-संपत्ति के अभाव में विपत्ति के समय कोई सहायता को आगे नहीं आता, क्योंकि समर्थ की ही सहायता को लोग आगे आते हैं। जैसे पानी के अभाव में कमल का प्रेमी सूर्य भी अपने हाथ खड़े कर देता है

और उसे सूखने के लिए उसके हाल पर छोड़ देता है। इसलिए विपत्ति के समय के लिए कुछ-न-कुछ बचत अवश्य करनी चाहिए।

रहिमन निज मन की विथा, मन ही राखो गोय।
सुनि अठिलैहैं लोग सब, बाँटि न लैहे कोय॥

रहीम कहते हैं, अपने दुःख दूसरों के सामने मत प्रकट करो। उन्हें मन के अंदर ही रखा; क्योंकि जिन्हें तुम अपना समझते हो, वे केवल उपहास उड़ानेवाले हैं, तुम्हारे सच्चे हितैषी नहीं हैं। अतः अपनी पीड़ा को अपनी ऊर्जा बनाओ और स्वयं ही उससे मुकाबला करो।

रहिमन नीचन संग बसि, लगत कलंक न काहि।
दूध कलारी कर गहे, मद समुझैं सब ताहि॥

नीच लोगों का साथ करने से सज्जन पुरुष भी कलंकित होने से नहीं बच सकते। जैसे मदिरा बेचनेवाली स्त्री यदि दूध का पात्र लेकर भी जा रही हो, लोग उसे मदिरा ही समझते हैं। अतः नीच लोगों की संगत से बचना चाहिए।

रहिमन पर उपकार के, करत न यारी बीच।
मांस दियो शिवि भूप ने, दीन्हो हाड़ दधीच॥

परोपकारी लोग जब परोपकार करते हैं तो स्वार्थ को बीच में नहीं आने देते। वे इसके लिए अपना जीवन भी बलिदान कर देते हैं। जैसे राजा शिवि ने कबूतर की भूख शांत करने के लिए अपने शरीर का मांस काटकर दे दिया और दधीच मुनि ने परोपकार के लिए अपनी अस्थियाँ दान कर दीं।

रहिमन पानी राखिए, बिनु पानी सब सून।
पानी गए न ऊबरैं, मोती मानुष चून॥

रहीम कहते हैं, अपने पानी अर्थात् मान-प्रतिष्ठा पर आँच मत आने दीजिए, क्योंकि मान-प्रतिष्ठा के अभाव में जीवन मृत्यु तुल्य हो जाता है। पानी के अभाव में मोती अर्थात् चमक-दमक खो जाती है, मनुष्य बदनामी के अँधेरे में गुम हो जाता है और पानी के बिना चूना भी अपनी सक्रियता खो देता है। इसलिए पानी हर सूरत में बनाए रखिए।

रहिमन प्रीत न कीजिए, जस खीरा ने कीन।
ऊपर से तो दिल मिला, भीतर फाँके तीन॥

प्रेम जैसा बाहर से करो वैसा ही भीतर से। प्रेम में छल-कपट का कोई स्थान नहीं है। खीरे जैसा प्रेम कभी मत करो, जो बाहर से तो एक दिखता है, लेकिन उसके अंदर तीन फाँकें होती हैं। प्रेम बाहर और अंदर दोनों से निर्मल होना चाहिए।

रहिमन पैंडा प्रेम को, निपट सिलसिली गैल।
बिछलत पाँव पिपीलिका, लोग लदावत बैल॥

रहीम, प्रेम का मार्ग बहुत फिसलन भरा है। यहाँ चलते-चलते चींटी तक फिसल जाती है और लोग यहाँ बैल लादकर ले जाना चाहते हैं। अर्थात् प्रेम का मार्ग बड़ा कठिन होता है। निर्मल लोग ही यहाँ सफलता पाते हैं। जो लोग इसे व्यापार के रूप में देखते हैं, उनका यहाँ निर्वहन नहीं होता।

रहिमन प्रीति सराहिए, मिले होत रँग दून।
ज्यों जरदी हरदी तजै, तजै सफेदी चून॥

जो प्रेम किसी के साथ मिलकर और गहरा हो जाए, उसकी सराहना करनी चाहिए। जैसे हल्दी और चूना मिलते हैं तो दोनों अपने-अपने रंग त्यागकर एक तीसरा चटख रंग तैयार करते हैं, जो बड़ा मनभावन होता है। अर्थात् प्रेम वही सच्चा होता है, जो अहं भाव त्यागकर किया जाए।

रहिमन बहु भेषज करत, ब्याधि न छाँड़त साथ।
खग मृग बसत अरोग बन, हरि अनाथ के नाथ॥

हम इतना उपचार करते हैं, लेकिन कोई-न-कोई व्याधि पीछे लगी ही रहती है; लेकिन वन में रहनेवाले पशु-पक्षी कभी बीमार नहीं पड़ते, क्योंकि उनके साथ अनाथों के नाथ भगवान् होते हैं। इसलिए जो अनाथ हैं, उन्हें निश्चिंत रहना चाहिए, क्योंकि भगवान् सदा उनके साथ होते हैं।

रहिमन बात अगम्य की, कहन सुनन की नाहिं।
जो जानत सो कहत नहिं, कहत ते जानत नाहिं॥

ईश्वर की बात समझने में बहुत कठिन है। वह कहने-सुनने की बात नहीं है। जो ईश्वर को जानते-समझते हैं, वे उस ज्ञान का ढिंढोरा नहीं पीटते और जो यह कहते फिरते हैं कि वे ईश्वर को जानते हैं, वास्तव में वे कुछ नहीं जानते। अर्थात् जो ईश्वर को जानने-समझने का दावा करते हैं, उनके बहकावे में न आएँ; क्योंकि जो सच्चे ईश्वर को जानता है, वह सदा मौन रहता है।

रहिमन बिगरी आदि की, बनै न खरचे दाम।
हरि बाढ़े आकास लौं, तऊ बावने नाम॥

जो काम आरंभ में ही बिगड़ जाता है, वह लाख प्रयास करने पर भी

फिर सँवर नहीं सकता। भगवान् ने 'वामन' (बौने) रूप में बलि से दान माँगा था। उस दान को पाने के लिए वे 'विराट' हो गए; लेकिन उन्हें वामन ही कहा जाता है, विराट नहीं। क्योंकि आरंभ निम्नता से होता है तो अंत भी निम्नता से होता है।

रहिमन भेषज के किए, काल जीति जो जात।
बड़े-बड़े समरथ भए, तौ न कोउ मरि जात॥

यदि औषधि-उपचार से ही मृत्यु को जीता जा सकता तो आज बड़े-बड़े लोग हमारे बीच होते। लेकिन काल को जीतना असंभव है, इसलिए उनकी स्मृति भी शेष नहीं है। यदि काल को जीतना है तो ऐसे कार्य कर जाओ कि मृत्यु के बाद भी दुनिया तुम्हें याद रखे।

रहिमन मनहि लगाइ कै, देखि लेहु किन कोय।
नर को बस करिबो कहा, नारायन बस होय॥

किसी भी काम को मन लगाकर किया जाए तो उसमें सफलता निश्चित मिलती है। मन लगाकर भक्ति करने से तो भगवान् को भी वश में किया जा सकता है, फिर मनुष्य की तो बात ही क्या है।

रहिमन माँगत बड़ेन की, लघुता होत अनूप।
बलि मरव माँगन को गए, धरि बावन को रूप॥

बड़े लोग याचक भी बन जाएँ तो उनका तेज, उनका प्रभाव क्षीण नहीं होता। जैसे कि श्रीहरि विष्णु बौने का रूप रखकर बलि से दान माँगने गए थे, लेकिन इससे उनका तेज कम नहीं हो गया था।

रहिमन याचकता गहे, बड़े छोट ह्वै जात।
नारायण हू को भयो, बावन आँगुर गात॥

माँगने से व्यक्ति का तेज और सम्मान घट जाता है। बड़े लोग भी छोटे हो जाते हैं। बलि से दान माँगकर विष्णुजी भी वामन (बौने) हो गए थे।

रहिमन यह तन सूप है, लीजै जगत पछोर।
हलुकन को उड़ि जान दै, गरुए राखि बटोर॥

यह शरीर सूप के समान है। इसे भक्ति-भाव और सत्य ज्ञान से पछोरकर हलके पदार्थों अर्थात् मोह-माया आदि विकारों को उड़ा दें और ज्ञान तथा भक्ति के सुघड़ दानों का संग्रह कर लें।

रहिमन रहिबो वा भलो, जौ लौं सील समूच।
सील ढील जब देखिए, तुरत कीजिए कूच॥

जब तक मान-सम्मान बना रहे, तभी तक किसी स्थान पर रुकना चाहिए। जब लगे कि प्रेम-बंधन में गरमाहट घटने लगी है तो तुरंत उस स्थान को छोड़ देना चाहिए।

रहिमन रहिला की भली, जो परसै चित लाय।
परसत मन मैला करे, सो मैदा जरि जाय॥

जिस भोजन को स्नेह और सम्मान से परोसा जाए, वह उन स्वादिष्ट व्यंजनों से भला है, जो अपमानित करके उपेक्षित भाव से परोसे जाएँ। मैदा से बने ऐसे व्यंजनों को तो जला देना ही बेहतर है।

रहिमन रिस को छाँड़ि कै, करो गरीबी भेस।
मीठो बोलो नै चलो, सबै तुम्हारो देस॥

रहीम कहते हैं, गुस्से और गर्व को त्यागकर ऊँच-नीच का भेद भुला दें तथा गरीब-अमीर सबको समान रूप से अपनाएँ। इसके बाद मीठा बोलें और विनम्रता से चलें, फिर सारी दुनिया आपको अपनी लगेगी।

रहिमन रिस सहि तजत नहिं, बड़े प्रीति की पौरि।
मूकन मारत आवई, नींद बिचारी दौरि॥

जिनसे हमें बहुत प्रेम होता है, उसका क्रोध सहकर भी हम उसे त्यागते नहीं हैं; क्योंकि सच्चा प्रेम त्यागा नहीं जाता। जैसे नींद को लाख भगाओ, लेकिन मौका मिलते ही वह फिर चली आती है, हमें छोड़कर नहीं जाती।

रहिमन रीति सराहिए, जो घट गुन सम होय।
भीति आप पै डारि कै, सबै पियावै तोय॥

घड़ा और रस्सी की प्रशंसा करनी चाहिए, जो कुएँ की दीवार की चोट खाकर भी अपना सेवा-भाव नहीं त्यागते और मनुष्य को शीतल जल पिलाते रहते हैं। मनुष्य को भी इनके आचरण से शिक्षा लेनी चाहिए।

रहिमन लाख भली करो, अगुनी अगुन न जाय।
राग सुनत पय पिअत हूँ, साँप सहज धरि खाय॥

दुर्जनों का लाख उपकार करो, लेकिन उनके स्वभाव में परिवर्तन नहीं होता। जैसे बीन की धुन पर थिरकता और दूध पीता साँप मौका पाते ही सपेरे को डस लेता है, भले ही उसके विष-दंत निकाल दिए गए हों।

रहिमन वित्त अधर्म को, जरत न लागै बार।
चोरी करि होरी रची, भई तनिक में छार॥

बेईमानी से कमाया धन कभी नहीं फलता है। वह व्यर्थ के कामों में ही खर्च हो जाता है। जैसे होली जलाने के लिए यहाँ-वहाँ से लकड़ियाँ चुराई जाती हैं और वे सब देखते-ही-देखते जलकर राख हो जाती हैं।

रहिमन विद्या बुद्धि नहिं, नहीं धरम जस दान।
भू पर जनम वृथा धरै, पसु बिन पूँछ विषान॥

जो लोग विद्या, बुद्धि, धर्म-कर्म, यश, दान आदि गुणों से रिक्त हैं, वे पृथ्वी पर बोझ हैं, सींग एवं पूँछ-रहित पशु के समान हैं। उनका जीवन व्यर्थ चला जाता है।

रहिमन विपदा हू भली, जो थोरे दिन होय।
हित अनहित या जगत में, जानि परत सब कोय॥

थोड़े दिन के लिए आई मुसीबत का अतिथि की तरह स्वागत करना चाहिए, क्योंकि इससे अपने-पराए, हितैषी-स्वार्थी और असली एवं नकली मित्र की पहचान हो जाती है।

रहिमन वे नर मर चुके, जे कहुँ माँगन जाँहि।
उनते पहिले वे मुए, जिन मुख निकसत नाहिं॥

रहीम! किसी से याचना करने के साथ ही याचक का स्वाभिमान समाप्त हो जाता है, जिससे वह मृतप्राय हो जाता है। लेकिन उनसे भी पहले वे मृतप्राय हो जाते हैं, जो उस याचक को देने से इनकार कर देते हैं।

रहिमन सुधि सब ते भली, लगै जो बारंबार।
बिछुरे मानुष फिर मिलें, यहै जान अवतार॥

गुजरे जीवन की खट्टी-मीठी यादें मनुष्य को कभी हँसाती हैं, कभी रुलाती हैं और कभी अपने बिछुड़े प्रिय का साक्षात्कार कराती हैं। दरअसल, दुःख-दर्द भुलाने का एक कारगर उपाय है याद। यह किसी दैवी अवतार से कम नहीं।

रहिमन सूधी चाल तें, प्यादा होत उजीर।
फरजी मीर न ह्वै सकै, टेढ़े की तासीर॥

जीवन में ईमानदारी, सज्जनता और विनम्रता का इनाम जरूर मिलता है। शतरंज में सीधी चाल चलकर प्यादा वजीर तक का पद प्राप्त कर लेता है। लेकिन टेढ़ी-मेढ़ी चाल चलकर फरजी (वजीर) कभी राजा के सिंहासन तक नहीं पहुँच पाता। अर्थात् कपटी को जीवन में कुछ हासिल नहीं होता, जबकि निष्कपट सम्मानित पद पाता है।

राम नाम जान्यो नहीं, भइ पूजा में हानि।
कहि रहीम क्यों मानिहैं, जन के किंकरकानि॥

मोह-माया व सांसारिक उपभोगों के वशीभूत होकर कार्य की पूजा-अर्चना और आडंबरों में जीवन व्यर्थ गँवा दिया। राम-नाम का सच्ची भावना से स्मरण नहीं किया। अब यमपाश से तुम्हें कोई नहीं बचा सकता। यमदूत तुम्हारी एक नहीं सुनेंगे। नरक में यातना के लिए तैयार रहो।

राम नाम जान्यो नहीं, जान्यो सदा उपाधि।
कहि रहीम तिहि आपनो, जनम गँवायो बादि॥

जिसने सच्ची भावना से राम-नाम का चिंतन, स्मरण, भजन और

मनन नहीं किया हो और जो झूठी पदवी धारण कर लोगों को त्रास देता आया हो, समझो उसने जीवन व्यर्थ गँवा दिया। सच्चा भगवद्-स्मरण भवसागर से पार कर देता है।

रीति प्रीति सबसों भली, बैर न हित मित गोत।
रहिमन याही जनम की, बहुरि न संगति होत॥

सबसे प्रेमपूर्ण व्यवहार में सबकी भलाई छिपी है। वैर-भाव पालने से किसी का भला नहीं होता। अत: जो लोग हमारे संगी-साथी हैं, उनसे प्रेम व सद्व्यवहार करें। इससे यह जीवन सफल हो जाएगा, फिर पता नहीं अगला जन्म मनुष्य का मिले या नहीं।

लिखी रहीम लिलार में, भई आन की आन।
पद कर काटि बनारसी, पहुँची मगहर थान॥

भाग्य के लेख को मिटाया नहीं जा सकता। कहा जाता है कि काशी में शरीर त्यागने से मोक्ष मिलता है और इसी धारणावश किसी अज्ञानी ने अपने हाथ-पैर कटवा लिये, जिससे कि काशी छोड़कर कहीं न जा सके। लेकिन भाग्य का लेखा देखिए, कहीं से एक घुड़सवार आया और उसे बिठाकर मगहर ले गया। कहा जाता है, मगहर में देह त्यागने से गधे की योनि मिलती है। अर्थात् भाग्य के लेखे के आगे सारी युक्तियाँ असफल हो जाती हैं।

लोहे की न लोहार की, रहिमन कही विचार।
जो हनि मारै सीस में, ताही की तलवार॥

तलवार लोहे की हो सकती है, न लोहार की; जो उसका सदुपयोग

करे, तलवार उसी की हो सकती है। जो योद्धा उस तलवार से शत्रु का शीश उड़ा दे, सच्चे अर्थों में तलवार उसी की होगी। अर्थात् वस्तु और उसके निर्माता से उसका सदुपयोगकर्ता अधिक महत्त्वपूर्ण होता है।

सदा नगारा कूच का, बाजत आठो जाम।
रहिमन या जग आइकै, का करि रहा मुकाम॥

मृत्यु शाश्वत है। इसका समय अनिश्चित है। यह कभी भी, कहीं भी बिन-बुलाए आ सकती है। आठों प्रहर इसका नगाड़ा बजता रहता है। हर पल कोई इसका निवाला बन रहा है। मृत्युलोक में स्थायी आवास किसी का नहीं है। इसलिए जो समय मिला है, उसका सदुपयोग करो।

सबै कहावै लसकरी सब लसकर कहँ जाय।
रहिमन सेल्ह जोई सहै, सो जागीरें खाय॥

सैन्य दल के सभी सदस्य सैनिक कहलाते हैं और मिलकर युद्ध करने जाते हैं। लेकिन जो सैनिक अस्त्र-शस्त्रों की चोट को सहकर अपने राजा को जीत दिलाते हैं, उन्हीं का मान-सम्मान होता है, जागीरें मिलती हैं।

समय दसा कुल देखिकै, सबै करत सनमान।
रहिमन दीन अनाथ को, तुम बिन को भगवान॥

जिसका समय अच्छा चल रहा हो, स्थिति अच्छी हो, कुल-परिवार अच्छा हो, उसी का सब मान-सम्मान करते हैं। रहीम कहते हैं, लेकिन दीन और अनाथ लोगों के एकमात्र सहारे भगवान् हैं।

समय परे ओछे वचन, सबके सहै रहीम।
सभा दुसासन पट गहै, गदा लिये रहे भीम॥

समय बहुत बलवान होता है। समय खराब हो तो गालियाँ और दुर्वचन भी सहने पड़ते हैं। जैसे दुर्योधन की सभा में द्रौपदी का चीर-हरण होता रहा और गदाधारी महाबली भीम मौनव्रत लिये सबकुछ देखते रहे।

समय पाय फल होत है, समय पाय झरि जात।
सदा रहै नहीं एक सी, का रहीम पछितात॥

समय-परिवर्तन सृष्टि का नियम है। समय पर वृक्ष फलों से भर जाता है और समय पर फल-विहीन हो जाता है। इसी प्रकार पुराने पत्ते झड़ते हैं और नए आते हैं। समय सदा एक सा नहीं रहता। दुःख-सुख आते-जाते रहते हैं, इसलिए परिस्थितियों से घबराना नहीं चाहिए। आशा बनाए रखनी चाहिए।

समय लाभ सम लाभ नहिं, समय चूक सम चूक।
चतुरन चित रहिमन लगी, समय चूक की हूक॥

सुअवसर का तुरंत लाभ उठा लेना चाहिए। इससे चूकने पर बहुत पछताना पड़ता है। चतुर लोग जब कभी समय का लाभ उठाने से चूक जाते हैं तो उन्हें बहुत दुःख होता है और वे भविष्य में ऐसी गलती दोहराते नहीं हैं।

सरवर के खग एक से, बाढ़त प्रीति न धीम।
पै मराल को मानसर, एकै ठौर रहीम॥

सामान्य पक्षी किसी एक स्थान विशेष पर नहीं बसते। दाने-पानी की तलाश में एक सरोवर से दूसरे और दूसरे से तीसरे पर ठिकाना बनाते रहते हैं। लेकिन हंस केवल मानसरोवर पर ही बसते हैं। ये भक्त-प्रेमी

पक्षी बार-बार ठिकाना नहीं बदलते। इनका चित्त भक्ति में लीन होता है।

सर सूखै पंछी उड़ै, औरे सरन समाहिं।
दीन मीन बिन पंख के, कहु रहीम कहँ जाहिं॥

सरोवर के सूखते ही पक्षी उड़कर दूसरी जगह बसेरा कर लेते हैं, लेकिन बिना पंख की मछली क्या करे, कहाँ जाए? वह तो वहीं जिएगी, वहीं मरेगी। एकमात्र प्रभु ही उसके सहारे हैं।

स्वासह तुरिय जो उच्चरै, तिय है निश्चल चित्त।
पूत परा घर जानिए, रहिमन तीन पवित्त॥

जिस घर पर स्वामी पारिवारिक दायित्वों का पालन करते हुए साधना की परमोच्चय दशा—समाधि तक पहुँच गया हो, जिसकी पत्नी स्थिर मनोदशावाली हो और पुत्र योग्यता की कसौटी पर खरा हो—वह घर साक्षात् त्रिदेवों का आवास होता है।

साधु सराहै साधुता, जती जोखिता जान।
रहिमन साँचे सूर को, बैरी करे बखान॥

सज्जन लोग सज्जनता की प्रशंसा करते हैं, योगी-संन्यासी लोग ध्यान-समाधि आदि की प्रशंसा करते हैं; लेकिन सच्चे शूरवीर की तो विपक्षी शत्रु भी प्रशंसा करते हैं।

सौदा करो सो करि चलो, रहिमन याही बाट।
फिर सौदा पैहों नहीं, दूरि जान है बाट॥

अभी बाजार में हो, जो सौदा चाहते हो, खरीद लो। फिर जब बाजार

से चले जाओगे तो पता नहीं यह मौका मिले, न मिले। अर्थात् लाखों योनियों में भटकने के बाद मनुष्य-देह मिलती है। इसमें सत्कर्म और प्रभु-भजन करके जन्म-मृत्यु से छुटकारा पाया जा सकता है। यह देह अगली बार भी मिले, यह आवश्यक नहीं।

संतत संपति जानि कै, सबको सब कुछ देत।
दीनबंधु बिन दीन की, को रहीम सुधि लेत॥

धनी-संपन्नों की सहायता को हर कोई आगे रहता है, क्योंकि उन्हें पता है कि अवसर पड़ने पर वे उनके काम आ सकते हैं। लेकिन समाज के दबे-कुचले और दीन-दुखियों की मदद को कोई आगे नहीं आता। उनके तो बस भगवान् ही मददगार हैं।

संपति भरम गँवाइ कै, हाथ रहत कछु नाहिं।
ज्यों रहीम ससि रहत है, दिवस अकासहिं माँहि॥

धन-संपत्ति को गलत कामों में गँवा देने पर सबकुछ हमारे हाथ से निकल जाता है—धन के साथ-साथ मान-सम्मान, पद-प्रतिष्ठा, गौरव। जैसे दिन में चाँद को कोई नहीं पूछता। वह आकाश के किसी कोने में निस्तेज दुबका बैठा रहता है।

ससि की शीतल चाँदनी, सुंदर सबहिं सुहाय।
लगे चोर चित में लटी, घटि रहीम मन आय॥

चंद्रमा की शीतल और धवल चाँदनी सबको सुंदर लगती है। लेकिन कुटिल चोरों को यही चाँदनी बहुत बुरी लगती है। सच है, दुर्जनों को सौंदर्य में भी बुराई नजर आती है। खोटों को सब चीजें खोटी लगती हैं।

सिस सुकेस साहस सलिल, मान सनेह रहीम।
बढ़त-बढ़त बढ़ि जात है, घटत-घटत घटि सीम॥

चंद्रमा, केश, साहस, पानी, मान-सम्मान—ये सब धीरे-धीरे बढ़ते हैं और धीरे-धीरे घट भी जाते हैं। चंद्रमा और केश प्राकृतिक रूप से घटते-बढ़ते हैं; लेकिन साहस, पानी और मान-सम्मान को प्रयास करके बढ़ाया जा सकता है।

सीत हरत तम हरत नित, भुवन भरत नहि चूक।
रहिमन तेहि रवि को कहा, जो घटि लखै उलूक॥

प्राणिमात्र का कल्याण ही जिनका धर्म है, वे सूर्य भगवान् शीत हरते हैं और अंधकार को दूर करते हैं। उन्हीं सूर्य भगवान् को रात्रि में विचरण करनेवाले उलूक जैसे निम्न जीव स्वार्थवश बुरा-भला कहें तो इससे उनका क्या बिगड़ता है। वे तो सतत अपने काम में लगे रहते हैं।

हित रहीम इतनै करैं, जाकी जिती बिसात।
नहिं यह रहै न वह रहे, रहै कहन को बात॥

परोपकार की भावना कम-ज्यादा सभी में होती है और सभी लोग अपनी हैसियत के अनुसार परोपकार करते हैं। जो लोग छोटे-छोटे उपकार करते हैं, वे भी नहीं रहते और बड़े उपकार करनेवाले भी चले जाते हैं। लेकिन उनके उपकार सदा उनकी याद दिलाते रहते हैं।

होत कृपा जो बड़ेन की, सो कदापि घट जाय।
तो रहीम मरिबो भलो, यह दुख सहो न जाय॥

बड़ों की कृपा-दृष्टि जब कभी हट जाए और उनका कोपभाजन

होकर बड़े पद से हटना पड़े तो हे रहीम! यह स्थिति बड़ी दुखःदायक होती है। इससे तो मृत्यु भली।

होय न जाकी छाँह ढिग, फल रहीम अति दूर।
बढ़िहू सो बिन काज की, तैसे तार खजूर॥

ताड़ और खजूर के पेड़ न तो किसी को छाया दे पाते हैं, न इनके फल सरलता से तोड़े जा सकते हैं, फिर ऐसी ऊँचाई का क्या लाभ? ऐसी लाभहीन उच्चता न हो तो भली।

हरी-हरी करुना करी, सुनी जो सब ना टेर।
जग डग भरी उतावरी, हरी करी की बेर॥

'हरि-हरि' की करुणा भरी पुकार सुनकर विष्णु भगवान् विचलित हो उठते हैं और भागे-भागे आकर मगरमच्छ की जकड़ से गजराज को मुक्त कराते हैं। अतः ऐसे मुक्तिदाता श्रीहरि को भजना ही सार्थकता है।

सबको सब कोऊ करैं, कै सलाम कै राम।
हित रहीम तब जानिए, जब कछु अटकै काम॥

व्यावहारिकता में बँधे सभी लोग एक-दूसरे को नमस्ते, राम-राम और सलाम करते हैं; प्रेम से मिलते हैं और अपनापन प्रकट करते हैं। लेकिन जो व्यक्ति खोटे समय में सहायता करे, वही वास्तव में अपना होता है।

वे रहीम नर धन्य हैं, पर उपकारी अंग।
बाटन वारे को लगे, ज्यों मेहँदी को रंग॥

रहीम कहते हैं, वे लोग धन्य हैं, जिनका अंग-प्रत्यंग परोपकार में

लगा है। परोपकार से मिलनेवाला संतोष ही उनका पुरस्कार है। जैसे मेहँदी पीसनेवाले को रचकर मानो पुरस्कृत करती है।

रहिमन कहत स्वपेट सों, क्यों न भयो तू पीठ।
रीते अनरीतें करैं, भरै बिगारैं दीठ॥

रहीम अपने पेट से कहते हैं, तू पेट ही क्यों हुआ, पीठ क्यों नहीं हुआ ? कम-से-कम लोगों का बोझा तो ढोता। भूखा होने पर तू लोगों से गलत काम करवाता है और भरा होने पर भी गलत काम करवाता है। व्यक्ति असामाजिक कार्य करने लगता है। दोनों ही स्थितियों में तू लोगों का चरित्र-पतन करता है। बहुत कम लोग भूख से ऊपर उठकर सोचते हैं।

□

रहीम के सोरठे

ओछे को सतसंग, रहिमन तजहु अँगार ज्यों।
ताती जारै अंग, सीरे पै कारो लगै॥

ओछे या नीच आदमी का साथ अंगारे पर चलने के समान होता है। जैसे जलते अंगारे शरीर को जला देते हैं और बुझे हों तो कालिख लगा देते हैं। वैसे ही नीच लोगों के साथ से बुद्धि-कलुषित हो जाती है। यह नहीं तो उनके साथ से कलंक का धब्बा तो लग ही जाता है।

रहिमन कीन्ही प्रीत, साहब को भावै नहीं।
जिनके अगनित भीत, हमैं गरीबन को गनै॥

हमने अपने स्वामी को समर्पित भाव से प्रेम किया, लेकिन फिर भी स्वामी से हमको उपेक्षा ही मिली। जिनके अनेक मित्र हों, वे हम जैसे गरीब को अपने मित्रों में थोड़ा ही गिन सकते हैं। लेकिन हम तन-मन-धन से अब भी उन्हीं को प्रेम करते हैं।

रहिमन नीर परवान, बूड़ै पै सीझे नहीं।
तैसे मूरख ज्ञान, बूझै पै सूझै नहीं॥

मूर्ख को समझाना व्यर्थ है। पत्थर हँसते-हँसते जल-समाधि ले लेगा, लेकिन लाख कोशिश के बाद भी तैरेगा नहीं। इसी प्रकार मूर्ख व्यक्ति गंभीरतापूर्वक ज्ञान की बातें सुनेगा, उसमें डूब जाएगा, लेकिन उनको जीवन में अपनाएगा नहीं।

रहिमन मोहिं न सुहाय, अमी पियावत मान बिनु।
वरु विष देय बुलाय, मान सहित मरिबो भलो॥

हे रहीम! कोई मुझे अपमानित करके अमृत भी पिलाए तो वह मुझे अस्वीकार होगा। इससे तो बेहतर यह होगा कि घर बुलाकर सम्मान-सहित विष पिला दो। मान-सम्मान के साथ मैं मरना सबसे बेहतर समझता हूँ।

चूल्हा दीन्हो बार, नात रह्यो सो जरि गयो।
रहिमन उतरे पार, भार झोंकि सब भार में॥

सांसारिकता से मुक्ति पाने के लिए रहीम ने चूल्हा जलाया और उसमें सारे रिश्ते-नातों को जला दिया। सिर पर मोह-माया और विकारों का जो बोझ था, उसे भाड़ में झोंक दिया। अब प्रभु-मिलन से कोई नहीं रोक सकता। विकारों से निवृत्त होकर ही प्रभु को पाया जा सकता है।

जाके सिर अस भार, सो कस झोंकत भार अस।
रहिमन उतरे पार, भार झोंकि सब भार में॥

जिसके सिर पर दुःखों-मुसीबतों का इतना भार हो, वह आराम से बैठकर भाड़ कैसे झोंक सकता है? इतने तुच्छ काम में इतना मग्न कैसे रह सकता है? रहीम ने अपना सारा भार भाड़ में झोंक दिया और प्रभु-

भक्ति में लीन हो गए। तुम भी उनका अनुसरण क्यों नहीं करते। इस संसार में प्रभु-भक्ति ही मुक्ति का साधन है।

रहिमन मन की भूल, सेवा करत करील की।
इनतें चाहत फूल, जिन डारन पत्ता नहीं॥

कँटीले करील की सेवा छलावा है। इससे फूल और फल की कामना मत करो। इसकी डालों पर तो पत्ते तक नहीं हैं। अर्थात् दुर्जन से सज्जनता की आशा करना व्यर्थ है। इन्हें सुधारना कठिन है। काँटों को कभी फूल नहीं बनाया जा सकता।

□

बरवै (नायिका भेद)

'बरवै' रहीम का प्रिय छंद था। इस शैली में रहीम ने सैकड़ों छंद लिखे हैं। 'बरवै नायिका भेद' अवधी भाषा में लिखा ग़या है। भाषा सरल, काव्यनिष्ठ और प्रवाहपूर्ण है। इन्हें पढ़कर आसानी से समझा जा सकता है।

कवित कह्यो दोहा कह्यो, तुलै न छप्पय छंद।
बिरच्यो यहै विचार कै, यह बरवै रस कंद॥

बंदौ देवि सरदवा, पद कर जोरि।
बरनत काव्य बरैवा, लगै न खोरि॥

लखि अपराध पियरवा, नहिं रिस कीन।
बिहँसत चनन चउकिया, बैठक दीन॥

बिनु गुन पिय-उर हरवा, उपट्यो हेरि।
चुप ह्वै चित्र पुतरिया, रहि मुख फेरि॥

बेरिहि बेर गुमनवा, जनि करु नारि।
मानिक औ गजमुकुता, जौ लगि बारि॥

रहत नयन के कोरवा, चितवनि छाय।
चलत न पग-पैंजनियाँ, मग अहटाय॥

लहरत लहर लहरिया, लहर बहार।
मोतिन जरी किनरिया, बिथुरे बार॥

लागे आन नवेलियहि, मनसिज बान।
उसकन लाग उरोजवा दृग तिरछान॥

कवन रोग दुहुँ छतिया, उपजे आय।
दुखि-दुखि उठै करेजवा, लगि जनु जाय॥

औचक आइ जोबनवाँ, मोहि दुख दीन।
छुटिगो संग गोइअवाँ नहि भल कीन॥

पहिरति चूनि चुनरिया, भूषन भाव।
नैननि देत कजरवा, फूलनि चाव॥

जंघन जोरत गोरिया, करत कठोर।
छुअन न पावै पियवा, कहुँ कुच-कोर॥

ढीलि आँख जल अँचवत, तरुनि सुभाय।
धरि खसिकाइ घइलना, मुरि मुसुकाय॥

भोरहि बोलि कोइलिया, बढ़वति ताप।
घरी एक घरि अलवा, रह चुपचाप॥

सुनि-सुनि कान मुरलिया, रागन भेद।
गैल न छाँड़त गोरिया, गनत न खेद॥

निसु दिन सासु ननदिया, मुहि घर हेर।
सुनन न देत मुरलिया मधुरी टेर॥

मोहि बर जोग कन्हैया लागौं पाय।
तुहु कुल पूज देवतवा, होहु सहाय॥

चूनत फूल गुलबवा डार कटील।
टुटिगा बंद अँगियवा, फटि पट नील॥

आयेसि कवनेउ ओरवा, सुगना सार।
परिगा दाग अधरवा, चोंच चोटार॥

मम पठयेउ जिहि कमवाँ, आयेस साध।
छुटिगा सीस को जुरवा, कसि के बाँध॥

मुहि तुहि हरबर आवत, भा पथ खेद।
रहि-रहि लेत उससवा, बहत प्रसेद॥

होइकत आइ बदरिया, बरखहि पाथ।
जैहौं घन अमरैया, सुगना साथ॥

जैहौं चुनन कुसुमियाँ, खेत बड़ि दूर।
नौआ केर छोहरिया, मुहि सँग कूर॥

बाहिर लैके दियवा, बारन जाय।
सासु ननद ढिग पहुँचत, देत बुझाय॥

तनिक सी नाक नथुनिया, मित हित नीक।
कहति नाक पहिरावहु, चित दै सींक॥

आजु नैन के कजरा, औरे भाँत।
नागर नेह नवेलिया, सुदिने जात॥

बालम अस मन मिलियउँ, जस पय पानि।
हँसिनि भइल सवतिया, लइ बिलगानि॥

मैं पठयउ जिहि कमवाँ, आयसि साध।
छुटिगो सीस को जुरवा, कसि के बाँधि॥

मुहि-मुहि हरबत आवत, भव पथ खेद।
रहि-रहि लेत उससवा, बहत प्रसेद॥

आपुहि देत जवकवा, गूँदत हार।
चुनि पहिराव चुनरिया, प्रानअधार॥

अवरन पाय जवकवा, नाइन दीन।
मुहि पग आगर गोरिया, आनन कीन॥

खीन मलिन बिखभैया, औगुन तीन।
मोहिं कहत विधुबदनी, पिय मतिहीन॥

दातुल भयसि सुगरुवा, निरस पखान।
यह मधु भरल अधरवा, करसि गुमान॥

धीरज धरु किन गोरिया करि अनुराग।
जात जहाँ पिय देसवा, घन बन बाग॥

जनि मरु रोय दुलहिया, कर मन ऊन।
सघन कुंज ससुररिया, औ घर सून॥

जमुना तीर तरुनिअहिं लखि भो सूल।
झरिगो रूख बेइलिया, फुलत न फूल॥

ग्रीषम दवत दवरिया, कुंज कुटीर।
तिमि-तिमि तकत तरुनिअहिं, बाढ़ी पीर॥

मितवा करत बँसुरिया, सुमन सपात।
फिरि-फिरि तकत तरुनिया, मन पछतात॥

मित उत तें फिरि आयेउ, देखु न राम।
मैं न गई अमरैया, लहेउ न काम॥

नेवते गइल ननदिया, मैके सासु।
दुलहिनि तोरि खबरिया, आवै आँसु॥

जैहौं काल नेवतवा, भा दुःख दून।
गाँव करेसि रखवरिया, सब घर सून॥

जस मद मातल हथिया, हुमकत जात।
चितवत जात तरुनिया, मन मुसकात॥

चितवत ऊँच अटरिया, दहिने बाम।
लाखन लखत बिछियवा, लखी सकाम॥

लखि-लखि धनिक नयकवा बनवत भेष।
रहि गई हेरि अरसिया, कजरा रेख॥

कासो कहौ सँदेसवा, पिय परदेसु।
लागेहु चइत न फले, तेहि बन टेंसु॥

का तुम जुगुल तिरियवा, झगरति आय।
पिय बिन मनहुँ अटरिया, मुहि न सुहाय॥

तैं अब जासि बेइलिया, बरु जरि मूल।
बिनु पिय सूल करेजवा, लखि तुअ फूल॥

या झर में घर-घर में, मदन हिलोर।
पिय नहिं अपने कर में, करमै खोर॥

सखि सिख मान नवेलिया, कीन्हेसि मान।
पिय बिन कोपभवनवा, ठानेसि ठान॥

सीस नवाय नवेलिया, निचवइ जोय।
छिति खबि, छोर छिगुरिया, सुसुकति रोय॥

गिरि गई पीय पगरिया, आलस पाइ।
पवढ़हु जाइ बरोठवा, सेज दसाइ॥

पोछहु अधर कजरवा, जावक भाल।
उपजेउ पीतम छतिया, बिनु गुन माल॥

पिय आवत अँगनैया, उठि कै लीन।
साथे चतुर तिरियवा, बैठक दीन॥

पवढ़हु पीय पलँगिया, मींजहुँ पाय।
रैनि जगे कह निंदिया, सब मिटि जाय॥

जेहि लगि सजन सनेहिया, छुटि घर-बार।
आपन हित परिवरवा, सोच परार॥

मितवा ओठ कजरवा, जावक भाल।
लियेसि काढ़ि बइरिनिया, तकि मनिमाल॥

आयहु अबहिं गवनवा, जुरुते मान।
अब रस लागिहि गोरिअहि, मन पछतान॥

मैं मतिमंद तिरियवा, परिलिउँ भोर।
तेहि नहिं कंत मनउलेउँ, तेहि कछु खोर॥

थकिगा करि मनुहरिया, फिरिगा पीय।
मैं उठि तुरति न लायेउँ, हिमकर हीय॥

जेहि लगि कीन बिरोधवा, ननद जिठानि।
रखिउँ न लाइ करेजवा, तेहि हित जानि॥

जिहि दीन्हेउ बहु बिरिया, मुहि मनिमाल।
तिहि ते रूठेउँ सखिया, फिरि गे लाल॥

लखे न कंत सहेटवा, फिरि दुबराय।
धनिया कमलबदनिया, गइ कुम्हिलाय॥

देखि न केलि-भवनवा, नंदकुमार।
लै-लै ऊँच उससवा, भइ बिकरार॥

देखि न कंत सहेटवा, भा दुख पूर।
भौ तन नैन कजरवा, होयगा झूर॥

बैरिन भा अभिसरवा, अति दुख दानि।
प्रातउ मिलेउ न मितवा, भइ पछितानि॥

करिकै सोरह्र सिंगरवा, अतर लगाइ।
मिलेउ न लाल सहेटवा, फिरि पछिताइ॥

भा जुग जाम जमिनिया, पिय नहिं आय।
राखेउ कवन सवतिया, रहि बिलमाय॥

जोहत तीय अँगनवा, पिय की बाट।
बेचेउ चतुर तिरियवा, केहि के हाट॥

पिय पथ हेरत गोरिया, भा भिनसार।
चलहु न करिहि तिरियवा, तुअ इतबार॥

उठि-उठि जात खिरिकिया, जोहत बाट।
कतहुँ न आवत मितवा, सुनि-सुनि खाट॥

कठिन नींद भिनुसरवा, आलस पाइ।
धन दै मूरख मितवा, रहल लोभाइ॥

हरुए गवन नबेलिया, दीठि बचाइ।
पौढ़ी जाइ पलँगिया, सेज बिछाइ॥

सुभग बिछाइ पलँगिया, अंग सिंगार।
चितवत चौंकि तरुनिया, दै दृग द्वार॥

हँसि-हँसि हेरि अरसिया सहज सिंगार।
उतरत-चढ़त नवेलिया, तिय कै बार॥

सोवत सब्र गुरु लोगवा, जानेउ बाल।
दीन्हेसि खोलि खिरकिया, उठि कै हाल॥

कीन्हेसि सबै सिंगरवा, चातुर बाल।
ऐहै प्रानपिअरवा, लै मनिमाल॥

आपुहि देत जवकवा, गहि-गहि पाय।
आपु देत मोहि पियवा, पान खवाय॥

प्रीतम करत पियरवा, कहल न जात।
रहत गढ़ावत सोनवा, इहै सिरात॥

मैं अरु मोर पियरवा, जस जल मीन।
बिछुरत तजत परनवा, रहत अधीन॥

भो जुग नैन चकोरवा, पिय मुख चंद।
जानत है तिय अपुनै, मोहि सुखकंद॥

लै हीरन के हरवा, मानिकमाल।
मोहि रहत पहिरावत, बस ह्वै लाल॥

चलीं लिवाइ नवेलिअहि, सखि सब संग।
जस हुलसत गा गोदवा, मत्त मतंग॥

पहिरे लाल अछुअवा, तिय-गज पाय।
चढ़े नेह-हथिअवहा, हुलसत जाय॥

चली रैनि अँधिअरिया, साहस गाढ़ि।
पायन केर कँगनिया, डारेसि काढ़ि॥

नील मनिन के हरवा, नील सिंगार।
किए रैनि अँधिअरिया, धनि अभिसार॥

सेत कुसुम कै हरवा भूषन सेत।
चली रैनि उँजिअरिया, पिय के हेत॥

पहिरि बसन जरतरिया, पिय के होत।
चली जेठ दुपहरिया, मिलि रवि जोत॥

धन हित कीन्ह सिंगरवा, चातुर बाल।
चली संग लै चेरिया, जहवाँ लाल॥

परिगा कानन सखिया पिय कै गौन।
बैठी कनक पलँगिया, ह्वै कै मौन॥

सुठि सुकुमार तरुपिका, सुनि पिय-गौन।
लाजनि पौढ़ि ओबरिया, ह्वै कै मौन॥

बन धन फूलहि टेसुआ, बगिअनि बेलि।
चलेउ बिदेस पियरवा फगुआ खेलि॥

मितवा चलेउ बिदेसवा, मन अनुरागि।
पिय की सुरत गगरिया, रहि मग लागि॥

पीतम इक सुमिरिनिया, मुहि देइ जाहु।
जेहि जप तोर बिरहवा, करब निबाहु॥

बहुत दिवस पर पियवा, आयेउ आज।
पुलकित नवल दुलहिवा, कर गृह-काज॥

पियवा आय दुअरवा, उठि किन देख।
दुरलभ पा बिदेसिया, मुद अवरेख॥

आवत सुनत तिरियवा, उठि हरषाइ।
तलफत मनहुँ मछरिया, जनु जल पाइ॥

पूछन चली खबरिया, मितवा तीर।
हरखित अतिहि तिरियवा पहिरत चीर॥

तौ लगि मिटिहि न मितवा, तन की पीर।
जौ लगि पहिर न हरवा, जटित सुहीर॥

सुंदर चतुर धनिकवा, जाति के ऊँच।
केलि-कला परबिनवा, सील समूच॥

पति उपपति वैसिकवा, त्रिबिध बखान।
बिधि सो ब्याह्यो गुरुजन पति सो जानि॥

लैकै सुघर खुरुपिया, पिय के साथ।
छइवै एक छतरिया, बरखत पाथ॥

करत न हिय अपरधवा, सपनेहुँ पीय।
मान करन की बेरिया, रहि गइ हीय॥

सौतिन करहि निहोरवा, हम कहँ देहु।
चुन-चुन चंपक चुरिया, उच से लेहु॥

छूटेउ लाज डगरिया, औ कुल कानि।
करत जात अपरधवा, परि गई बानि॥

जहवाँ जात रइनियाँ तहवाँ जाहु।
जोरि नयन निरलजवा, कत मुसुकाहु॥

झाँकि झरोखन गोरिया, अँखियन जोर।
फिरि चितवन चित मितवा, करत निहोर॥

सघन कुंज अमरैया, सीतल छाँह।
झगरत आय कोइलिया, पुनि उड़ि जाह॥

खेलत जानेसि टोलवा, नंदकिसोर।
हुइ वृषभानु कुँअरिया, होगा चोर॥

जनु अति नील अलकिया बनसी लाय।
भो मन बारबधुअवा, तिय बझाय॥

करबौं ऊँच अटरिया, तिय सँग केलि।
कब धौं पहिरि गजरवा, हार चमेलि॥

अब भरि जनम सहेलिया, तकब न ओहि।
ऐंठलि गइ अभिमनिया, तजि कै मोहि॥

पीतम मिलेउ सपनवाँ भइ सुख-खानि।
आनि जगाएसि चेरिया, भइ दुखदानि॥

पिय मूरति चितसरिया, चितवन बाल।
सुमिरत अवधि बसरवा, जपि-जपि माल॥

आयेउ मीत बिदेसिया, सुन सखि तोर।
उठि किन करसि सिंगरवा, सुनि सिख मोर॥

बिरहिनि अवर बिदेसिया, भै इक ठोर।
पिय-मुख तकत तिरियवा, चंद चकोर॥

सखियन कीन्ह सिंगरवा रचि बहु भाँति।
हेरति नैन अरसिया, मुरि मुसुकाति॥

छाकहु बैठ दुअरिया मीजहु पाय।
पिय तन पेखि गरमिया, बिजन डोलाय॥

चुप होइ रहेउ सँदेसवा, सुनि मुसुकाय।
पिय निज कर बिछवनवा, दीन्ह उठाय॥

बिहँसति भौहँ चढ़ाए, धनुष मनीय।
लावत उर अबलनिया, उठि-उठि पीय॥

□

बरवै (भक्तिपरक)

जैसा कि पहले भी कहा जा चुका है, बरवै रहीम के प्रिय छंद रहे हैं। अपने बरवों में रहीम ने कृष्ण, राम, गुरु, वर्षा, मेघ, हरि, पर्वत, नदियाँ इत्यादि का व्यापक रूप से भक्तिपरक वर्णन किया है। इस अध्याय में रहीम के कुछ ऐसे ही बरवै दिए जा रहे हैं, जो कवित्त-रस से परिपूर्ण, सरल और प्रवाहमय हैं।

बंदौं विघन-बिनासन, ऋषि-सिधि-ईस।
निर्मल बुद्धि-प्रकासन, सिसु ससि सीस॥

सुमिरौ मन दृढ़ करकै, नंदकुमार।
जे वृषभान-कुँवरि कै प्रान-अधार॥

भजहु चराचर-नायक, सूरज देव।
दीन जनन सुखदायक, तारन एव॥

ध्यावौं सोच-बिमोचन, गिरिजा-ईस।
नागर भरन त्रिलोचन, सुरसरि-सीस॥

ध्यावौ विपद-विदारन, सुअन-समीर।
खल दानव वनजारन प्रिय रघुवीर॥

पुन-पुन बंदौ गुरु के, पद जलजात।
जिहि प्रताप तैं मन के तिमिर बिलात॥

करत घुमड़ि घन-घुरवा, मुरवा रोर।
लगि रह विकसि अँकुरवा, नंदकिसोर॥

बरसत मेघ चहूँ दिसि, मूसरधार।
सावन आवन कीजत, नंदकुमार॥

अजौं न आए सुधि कै, सखि घनश्याम।
राख लिये कहुँ बसि कै, काहू बाम॥

कबलौं रहिहै सजनी, मन में धीर।
सावन हूँ नहिं आवन, कित बलबीर॥

घन घुमड़े चहुँ ओरन, चमकत बीज।
पिय प्यारी मिलि झूलत, सावन तीज॥

पीव-पीव कहि चातक, सठ अधरात।
करत बिरहिनी तिय के, हिय उतपात॥

सावन आवन कहिगे, स्याम सुजान।
अजहुँ न आए सजनी, तरफत प्रान॥

मोहन लेउ मया करि, मो सुधि आय।
तुम बिन मीत अहर-निसि, तरफत जाय॥

बढ़त जात चित दिन-दिन, चौगुन चाव।
मनमोहन तैं मिलवौ राखि क दाँव॥

मनमोहन बिन देखे, दिन न सुहाय।
गुन न भूलिहौं सजनी, तनक मिलाय॥

उमड़ि-उमड़ि घन घुमड़े दिसि बिदिसान।
सावन दिन मनभावन, करत पयान॥

समुझत सुमुखि सयानी, बादर झूम।
बिरहिन के हिय भभकत तिनकी धूम॥

उलहे नए अँकुरवा, बिन बलबीर।
मानहु मदन महिप के बिन पर तीर॥

सुगमहि गातहि का रन जारत देह।
अगम महा अति पान सुघर सनेह॥

मनमोहन तुव मूरति, बेरिझवार।
बिन पयान मुहि बनिहै, सकल विचार॥

झूमि-झूमि चहुँ ओरन, बरसत मेह।
त्यों-त्यों पिय बिन सजनी, तरफत देह॥

झूँठी-झूँठी सौहैं हरि नित खात।
फिर जब मितल मरु के, उतर बतात॥

डोलत त्रिबिध मरुतवा, सुखद सुढार।
हरि बिन लागत सजनी, जिमि तरवार॥

कहियो पथिक सँदेसवा, गहि कै पाय।
मोहन तुम बिन तनकहु, रह्यौ न जाय॥

जब ते आयौ सजनी, मास असाढ़।
जानी सखि वा तिय के, हिय की गाढ़॥

वेद-पुरान बखानत, अधम-उधार।
केहि कारन करुनानिधि, करत विचार॥

लगत असाढ़ कहत हो, चलन किसोर।
घन घुमड़े चहुँ ओरन, नाचत मोर॥

लखि पावस ऋतु सजनी, पिय परदेस।
गहन लग्यौ अबलनि पै, धनुष सुरेस॥

बिरह बढ्यौ सखि अंगन, बढ्यौ चबाव।
कर्‌यौ निठुर नंदनंदन, कौन कुदाव॥

भज्यो कितै न जनम भरि, कितनी जाग।
संग रहत या तन की, छाँही भाग॥

भज रे मन नंदनंदन, बिपति बिदार।
गोपी जन-मन-रंजन, परम उदार॥

जदपि बसत है सजनी, लाखन लोग।
हरि बिन कित यह चित को, सुख संजोग॥

जदपि भई जल-पूरित, छितव सुआस।
स्वाति बूँद बिन चातक, मरत पिआस॥

देखन ही को निस-दिन, तरफत देह।
यही होत मधुसूदन, पूरन नेह॥

कब ते देखत सजनी, बरसत मेह।
गनत न चढ़े अटन पै, सने सनेह॥

बिरह बिथा ते लखियत, मरिबौ भूरि।
जौ नहिं मिलिहै मोहन, जीवन मूरि॥

ऊधो भलो न कहनौ, कछु पर पूठि।
साँचे ते भे झूठे, साँची झूठि॥

भादों निस अँधिअरिया घर अँधिआर।
बिसर्‌यौ सुघर बटोही, शिव आगार॥

हौं लखिहौं री सजनी, चौथ-मयंक।
देखौं केहि विधि हरि सों लगै कलंक॥

कहा छलत हो ऊधो, दै परतीति।
सपनेहू नहिं बिसरै, मोहन-मीति॥

बन उपवन गिरि सरिता, जिती कठोर।
लगत दहे से बिछुरे, नंदकिसोर॥

भलि-भलि दरसन दीनेहु, सब निसि-टारि।
कैसे आवन कीनेहु, हौं बलिहारि॥

आदिहि ते सब छुटिगा, जग ब्यौहार।
ऊधो अब न तिनौं भरि, रही उधार॥

घेर रह्यौ दिन-रतियाँ, बिरह बलाय।
मोहन की वह बतियाँ, ऊधो हाय॥

नर-नारी मतवारी, अचरज नाहिं।
होत विटप हू नाँगे फागुन माँहि॥

सहज हँसोई बातें, होत चबाइ।
मोहन को तनि सजनी, दै समुझाइ॥

ज्यों चौरासी लख में, मानुष देह।
त्यों ही दुर्लभ जग में, सहज सनेह॥

मानुष तन अति दुर्लभ, सहजहि पाय।
हरि-भजि कर सत संगति, कह्यौ जताय॥

अति अद्‌भुत छबि सागर, मोहन गात।
देखत ही सखि बूड़त, दृग जलजात॥

निरमोही अति झूठौ, साँवर गात।
चुभ्यौ रहत चित को धौं, जानि न जात॥

बिन देखे कल नाहि न, इन अँखियान।
पल-पल कटत कलप सों, अहो सुजान॥

जब तक मोहन झूँठी, सौंहें खात।
इन बातन ही प्यारे, चतुर कहात॥

ब्रज-बासिन के मोहन, जीवन-प्रान।
ऊधो यह संदेसवा, अकह कहान॥

मोहि मीत बिन देखे, छिन न सुहात।
पल-पल भरि-भरि उलझत, दृग जलजात॥

जब ते बिछुरे मितवा, कहु कस चैन।
रहत भर्‌यो हिय साँसन, आँसुन नैन॥

कैसे जीवत कोऊ, दूरि बसाय।
पल अंतर हू सजनी, रह्यो न जाय॥

जान कहत हौं ऊधो, अवधि बताइ।
अवधि-अवधि लौं दुस्तर, परत लखाइ॥

मिलन न बनिहै भाखत, इन इक टूक।
भए सुनत ही हिय के, अगनित टूक॥

गए हेरि-हरि सजनी, बिहँसि कछूक।
तब ते लगनि अगिनि की, उठत भबूक॥

मनमोहन की सजनी, हँसि बतरान।
हिय कठोर कीजत पै, खटकत आन॥

होरी पूजत सजनी जुर नर-नारि।
हरि बिनु जानहु जिय में, दई दवारि॥

दिस बिदसान करत ज्यों, कोयल कूक।
चतुर उठत है त्यों-त्यों, हिय में हूक॥

जब तें मोहन बिछुरे, कछु सुधि नाहिं।
रहे प्रान परि पलकनि, दृग मग माहिं॥

उझकि-उझकि चित दिन-दिन, हेरत द्वार।
जब ते बिछुरे सजनी, नंदकुमार॥

जक न परत बिन हेरे, सखिन सरोस।
हरि न मिलत बसि नेरे, यह अफसोस॥

चतुर मया करि मिलिहौ, तुरतहिं आय।
बिन देखे निसबासर, तरफत जाय॥

तुम सब भाँतिन चतुरे, यह कल बात।
होरी से त्यौहारन, पीहर जात॥

और कहा हरि कहिए, धनि यह नेह।
देखन ही को निस-दिन तरफत देह॥

जब ते बिछुरे मोहन, भूख न प्यास।
बेरि-बेरि बढ़ि आवत, बड़े उसास॥

अंतरगत हिय बेधत, छेदत प्रान।
विष सम परम सबन तें, लोचन बान॥

गली अँधेरी मिल कै, रहि चुपचाप।
बरजोरी मनमोहन, करत मिलाप॥

सास-ननद गुरु-पुरजन, रहे रिसाय।
मोहन हू अस निसरे, हे सखि हाय॥

उन बिन कौन निबाहै, हित की लाज।
ऊधो तुमहू कहियो, धनि ब्रजराज॥

जेहिके लिए जगत में, बजै निसान।
तेहिते करे अबोलन, कौन सयान॥

रे मन भज निसबासर, श्री बलबीर।
जे बिन जाँचे टारत, जन की पीर॥

बिरहिन को सब भाखत, अब जनि रोय।
पीर पराई जानै, तब कहु कोय॥

सबै कहत हरि बिछुरे, उर धर धीर।
बौरी बाँझ न जानै, ब्यावर पीर॥

लखि मोहन की बंसी, बंसी जान।
लागत मधुर प्रथम पै, बेधत प्रान॥

कोटि जतन हू फिरतन बिधि की बात।
चकवा पिंजरे हू सुनि बिमुख बसात॥

देखि ऊजरी पूछत, बिन ही चाह।
कितने दामन बेचत, मैदा साह॥

कहा कान्ह ते कहनौ, सब जग साखि।
कौन होत काहू के, कुबरी राखि॥

तैं चंचल चित हरि कौ, लियौ चुराइ।
याही तें दुचिती-सी, परत लखाइ॥

नवनागर पद परसी, फूलत जौन।
मेटल सोक असोक सु, अचरज कौन॥

समुझि मधुप कोकिल की, यह रस रीति।
सुनहु श्याम की सजनी, का परतीति॥

नृप जोगी सब जानत, होत बयार।
संदेसन तौ राखत, हरि ब्यौहार॥

मोहन जीवन प्यारे, कस हित कीन।
दरसन ही कों तरफत, ये दृग मीन॥

भज मन राम सियापति, रघुकुल ईस।
दीनबंधु दुःख-टारन, कौसलधीस॥

भज नरहरि, नारायन, तजि बकवाद।
प्रगति खंभ ते राख्यो, जिन प्रह्लाद॥

गोरज-धन-बिच राखत, श्री ब्रजचंद।
तिय दामिनि जिमि हेरत, प्रभा अमंद॥

लोग लुगाई हिल-मिल, खेलत फाग।
पर्‌यौ उड़ावन मोकौं, सब दिन काग॥

मो जिय कौरी सिगरी, ननद-जिठानि।
भई स्याम सों तब-तक, तनक पिछानि॥

होत विकल अनलेखे, सुघर कहाय।
को सुख पावत सजनी, नेह लगाय॥

अहो सुधाकर प्यारे, नेह निचोर।
देखन ही कों तरसै, नैन चकोर॥

आँखिन देखत सब ही, करत सुधारि।
पै जग साँची प्रीत न, चातक टारि॥

पथिक पाय पनघटवा कहत पियाव।
पैयाँ परौं ननदिया, फेरि कहाव॥

बरि गइ हाथ उपरिया, रहि गइ आगि।
घर कै बाट बिसरि गइ, गुहनैं लागि॥

अनधन देखि लिलरवा, अनख न धार।
समलहु दिय दुति मनसिज, भल करतार॥

जलज बदन पर थिर अलि, अनखन रूप।
लीन हार हिय कमलहि, डसत अनूप॥

□

शृंगार सोरठे

कतिपय विद्वानों के अनुसार रहीम ने शृंगार रस से ओत-प्रोत सोरठों के एक पूरे ग्रंथ की रचना की थी; लेकिन उनमें से अधिकांश अब नहीं मिलते। नीचे शृंगार रस में डूबे उनके कुछ प्राप्त सोरठे दिए गए हैं, जिनमें उनकी शृंगार-मर्मज्ञता को समझा जा सकता है।

गई आगि उर लाय, आगि लेन आई जो तिय।
लागी नाहिं बुझाय, भभकि-भभकि बरि-बरि उठै॥

तुरुक-गुरुक भरिपूर, डूबि-डूबि सुरगुरु उठै।
चातक-चातक दूरि, देह दहे बिन देह को॥

दीपक हिय छिपाय, नवल वधू घर ले चली।
कर विहीन पछिताय, कुच लखि जिन सीसै धुनै॥

पलटि चली मुसुकाय दुति रहीम उपजात अति।
बाती-सी उसकाय मानो दीनी दीप की॥

यक नाही यक पीर हिय रहीम होती रहै।
काहु न भई सरीर, रीति न बेदन एक सी॥

रहिमन पुतरी स्याम, मनहुँ जलज मधुकर लसै।
कैधों शालिग्राम, रूपे के अरघा धरे॥

□

मदनाष्टक

मदनाष्टक आठ छंदों की रचना है। इसमें रहीम ने अपनी प्रयोगधर्मिता को दरशाते हुए संस्कृत, फारसी, खड़ी बोली, अवधी और व्रज आदि भाषाओं का प्रयोग करके मिश्र भाषा में काव्य-रचना का उदाहरण प्रस्तुत किया है।

मदनाष्टक—जैसा कि नाम से ही स्पष्ट है—एक शृंगार-प्रधान रचना है। इसमें श्रीकृष्ण और गोपियों के प्रेम का व्यापक वर्णन किया गया है।

शरद-निशि निशीथे चाँद की रोशनाई।
सघन वन निकुंजे कान्ह वंशी बजाई॥

रति, पति, सुत, निद्रा, साइयाँ छोड़ भागी।
मदन-शिरसि भूयः क्या बला आन लागी॥

कलित ललित माला या जवाहिर जड़ा था।
चपल चखन वाला चाँदनी में खड़ा था॥

कटि-तट बिच मेला पीत सेला नवेला।
अलि बन अलबेला यार मेरा अकेला॥

दृग छकित छबीली छैलरा की छरी थी।
मणि-जटित रसीली माधुरी मूँदरी थी॥

अमल कमल ऐसा खूब से खूब देखा।
कहि सकत न जैसा श्याम का हस्त देखा॥

कठिन कुटिल कारी देख दिलदार जुलफें।
अलि कलित बिहारी आपने जी की कुलफें॥

सकल शशिकला को रोशनी-हीन लेखौं।
अहह! ब्रजलला को किस तरह फेर देखौं॥

ज़रद बसन-वाला गुल चमन देखता था।
झुक-झुक मतवाला गावता रेखता था॥

श्रुति युग चपला से कुंडलें झूमते थे।
नयन कर तमाशे मस्त ह्वै घूमते थे॥

तरल तरनि-सी हैं तीर-सी नोकदारैं।
अमल कमल-सी हैं दीर्घ हैं दिल बिदारैं॥

मधुर मधुप हेरैं माल मस्ती न राखें।
विलसति मन मेरे सुंदरी श्याम आँखें॥

भुजंग जुग किधौं हैं काम कमनैत सोहैं।
नटवर! तव मोहैं बाँकुरी मान भौंहें॥

सुनु सखि! मृदु बानी बेदुरुस्ती अकिल में।
सरल-सरल सानी कै गई सार दिल में॥

पकरि परम प्यारे साँवरे को मिलाओ।
असल अमृत प्याला क्यों न मुझको पिलाओ॥

इति वदति पठानी मनमथांगी विरागी।
मदन शिरसि भूयः क्या बला आन लागी॥

□

विविध रचनाएँ

रहीम ने दोहों, सोरठों, बरवै के अतिरिक्त घनाक्षरी, सवैयों आदि में भी काव्य-सृजन किया। इनमें भी रहीम ने मिश्र भाषा का अधिक प्रयोग किया है।

घनाक्षरी

(1)

अति अनियारे मानो सान दे सुधारे,
महा विष के विषारे ये करत पर-घात हैं।
ऐसे अपराधी देख अगम अगाधी यहै,
साधना जो साधी हरि हिय में अन्हात हैं॥

बार-बार बोरे याते लाल-लाल डोरे भए,
तोहू तो 'रहीम' थोरे बिधि ना सकात हैं।
घाइक घनेरे दुःखदाइक हैं मेरे नित,
नैन बान तेरे उर बेधि-बेधि जात हैं॥

(2)

पट चाहे तन पेट चाहत छदन मन
चाहत है धन, जेती संपदा सराहिबी।
तेरोई कहाय कै 'रहीम' कहै दीनबंधु
आपनी बिपत्ति जाय काके द्वार काहिबी॥

पेट भर खायो चाहे, उद्यम बनायो चाहे,
कुटुंब जियायो चाहे, काढ़ि गुन लाहिबी।
जीविका हमारी जो पै औरन के कर डारो,
ब्रज के बिहारी तो तिहारी कहाँ साहिबी॥

(3)

बड़ेन सों जान-पहिचान कै रहीम काह,
जो पै करतार ही न सुख देनहार है।
सीत-हर सूरज सों नेह कियो याही हेतु,
ताऊ पै कमल जारि डारत तुषार है॥

नीर-निधि माँहि धस्यो शंकर के सीस बस्यो,
तऊ ना कलंक नस्यो ससि में सदा रहै।
बड़ो रीझिवार है, चकोर दरबार है,
कलानिधि सो यार तऊ चाखत अंगार है॥

(4)

मोहिबो निछोहिबो सनेह में तो नयो नाहिं,
भले ही निठुर भए काहे को लजाइए।

तन–मन रावरे सो मतों के मगन हेतु,
उचरि गए ते कहा तुम्हें खोरि लाइए॥

चित लाग्यो जित जैये तितही 'रहीम' नित,
धाधवे के हित इत एक बार आइए।
जान हुरसी उर बसी है तिहारे उर,
मोसों प्रीति बसी तऊ हँसी न कराइए॥

सवैये

(1)

जाति हुती सखि गोहन में मन मोहन कों लखिकै ललचानो।
नागरि नारि नई ब्रज की उनहूँ नँदलाल को रीझिबो जानो॥

जाति भई फिरि कै चितई तब भाव 'रहीम' यहै उर आनो।
ज्यों कमनैत दमानक में फिरि तीर सों मारि लै जात निसानो॥

(2)

जिहि कारन बार न लाए कछू गहि संभु–सरासन दोय किया।
गए गेहहिं त्यागि के ताही समै सु निकारि पिता बनवास दिया॥

कहे बीच 'रहीम' रर्‌यौ न कछू जिन कीनो हुतो बिनुहार हिया।
बिधि यों न सिया रसबार सिया करबार सिया पिय सार सिया॥

(3)

दीन चहैं करतार जिन्हें सुख सो तो 'रहीम' टरै नहिं टारे।
उद्यम पौरुष कीने बिना धन आवत आपुहिं हाथ पसारे॥

दैव हँसे अपनी-अपनी बिधि के परपंच न जात बिचारे।
बेटा भयो वसुदेव के धाम औ दुंदुभि बाजत नंद के द्वारे॥

(4)

पुतरी अतुरीन कहूँ मिलि कै लगि लागि गयो कहुँ काहु करैटो।
हिरदै दहिबै सहिबै ही को है कहिबै को कहा कछु है गहि फेटो॥

सूधे चितै तन हा-हा करें हू 'रहीम' इतो दुख जात क्यों मेटो।
ऐसे कठोर सों औ चितचोर सों कौन सी हाय घरी भई भेंटो॥

(5)

कौन धौं सीख 'रहीम' इहाँ इन नैन अनोखि यै नेह की नाँधनि।
प्यारे सों पुन्यन भेंट भई यह लोक की लाज बड़ी अपराधिनि॥
स्याम सुधानिधि आनन को मरिये सखि सूँधे चितैवे की साधनि।
ओट किए रहतै न बनै कहतै न बनै बिरहानल बाधनि॥

पद

(1)

छबि आवन मोहनलाल की।
काछनि काछे कलित मुरलि कर पीत पिछौरी साल की।

सबक तिलक केसर को कीने दुति मानो बिधु बाल की।
बिसरत नाहिं सखि मो मन ते चितवनि नयन बिसाल की॥
नीकी हँसनि अधर सधरनि की छबि छीनी सुमन गुलाल की।
जल सों डारि दियो पुरइन पर डोलनि मुकतामाल की॥
आप मोल बिन मोलनि डोलनि बोलनि मदनगोपाल की।
यह सरूप निरखै सोइ जानै इस 'रहीम' के हाल की॥

(2)

कमल-दल नैननि की उनमानि।
बिसरत नाहिं सखी मो मन ते मंद-मंद मुसकानि॥
यह दसननि दुति चपला हूते महाचपल चमकानि।
बसुधा की बसकरी मधुरता सुधा-पगी बतरानि॥
चढ़ी रहे चित उर बिसाल को मुकुतमाल थहरानि।
नृत्य-समय पीतांबर हू की फहरि-फहरि फहरानि॥
अनुदिन श्री वृंदावन ब्रज ते आवन-आवन जानि।
अब 'रहीम' चित ते न टरति है सकल स्याम की बानि॥

छंद

(1)

कबहुँक खग मृग कबहुँ मर्कटतनु धरि कै।
कबहुँक सुर-नर-असुर-नाग-मय आकृति करि कै।
नटवत् लख चौरासि स्वाँग धरि-धरि मैं आयो।
हे त्रिभुवन नाथ! रीझ को कछू न पायो।
जो हो प्रसन्न तो देहु अब मुकति दान माँगहु बिहँस।
जो पै उदास तो कहहु इम धरु रे नर स्वाँग अस॥

(2)

रिझवन हित श्रीकृष्ण, स्वाँग मैं बहुबिध लायो।
पुर तुम्हार है अवनि अहंवह रूप दिखायो।
गगन-बेत-ख-ख-व्योम-वेद बसु स्वाँग दिखाए।
अंत रूप यह मनुष रीझ के हेतु बनाए
जो रीझे तो दीजिए लजित रीझ जो चाय।
नाराज भए तो हुकुम करु रे स्वाँग फेरि मन लाय॥

संस्कृत श्लोक

(1)

अहल्या पाषाणः प्रकृतियशुरासीत् कपिचमू-
र्गुहो भूच्चाण्डालस्त्रितयमपि नीतं निजपदम्।
अहं चित्तेनाश्मा पशुरपि तवार्चादिकरणे
क्रियाभिश्चाण्डालो रघुवर नमामुद्धरसि किम्॥

भाव—हे राम! आपने पाषाण बनी अहल्या, पशुवत् वानरों और चांडाल सदृश निषादराज का भी उद्धार किया था। मैं भी इन तीनों के समान हूँ, इसलिए अपना भक्त समझकर मेरा भी उद्धार कीजिए।

(2)

आनीता नटवन्मया तव पुरः श्रीकृष्ण! या भूमिका,
व्योमाकाशखखांबराब्धिवसवस्त्वत्प्रीतयेऽद्यावधि।
प्रीतस्त्वं यदि चेन्निरीक्ष्य भगवन् स्वप्रार्थित देहि मे,
नोचेद् ब्रूहि कदापि मानय पुनस्त्वेतादृशीं भूमिकाम्॥

भाव—हे श्रीकृष्ण! मैं चौरासी लाख योनियों में आपकी आज्ञा से नट की तरह भटकता रहा हूँ। अगर आप मेरे नट के इस रूप से प्रसन्न हुए हों तो अब मुझे मोक्ष का वरदान देकर कृतार्थ करें।

कुछ और दोहे

अरज गरज मानै नहीं, रहिमन ये जन चारि।
रिनियाँ राजा माँगता, काम आतुरी नारि॥

अंड न बौड़ रहीम कहि, देखि सचिककन पान।
हस्ती ढकका कुल्हड़िन, सहैं ते तरुवर आन॥

अंतर दाव लगी रहै, धुआँ न प्रगटै सोय।
कै जिय जाने आपनो, जा सिर बीती होय॥

काम न काहू आवई, मोल रहीम न लेइ।
बाजू टूटे बाज को, साहब चारा देइ॥

कुटिलत संग रहीम कहि, साधू बचते नाँहि।
ज्यों नैना सैना करें, उरज उमेठे जाहि॥

खरच बढ़्यो उद्यम घट्यो, नृपति निठुर मन कीन।
कहु रहीम कैसे जिए, थोरे जल की मीन॥

गुरुता फबै रहीम कहि, फबि आई है जाहि।
उर पर कुच नीके लगैं, अनत बतौरी आहि॥

चित्रकूट में रमि रहे, रहिमन अवध नरेस।
जापर बिपदा पड़त है, सो आवत यहि देस॥

जेहि रहीम तन-मन लियो, कियो हियौ बिचमौन।
तासों सुख-दुख कहन की, रही बात अब कौन॥

जे अनुचितकारी तिन्हे, लगे अंक परिनाम।
लखे उरज उर बेधिए, क्यों न होहि मुख स्याम॥

जो विषया संतन तजो, मूढ़ ताहि लपटात।
ज्यों नर डारत वमन कर, स्वान स्वाद सो खात॥

तैं रहीम मन आपनो, कीन्हो चारु चकोर।
निसि वासर लाग्यो रहै, कृष्णचंद्र की ओर॥

थोरों किए बड़ेन की, बड़ी बड़ाई होय।
ज्यों रहीम हनुमंत को, गिरिधर कहत न कोय॥

दादुर मोर क़िसान मन, लग्यौ रहै धन माँहि।
पै रहीम चातक रटनि, सरवर को कोउ नाहि॥

दीरघ दोहा अरथ के, आखर थारे आहिं।
ज्यों रहीम नट कुंडली, सिमिटि कूदि चढ़ि जाहि॥

नहिं रहीम कछु रूप गुन, नहिं मृगया अनुराग।
देसी स्वान जो राखिए, भ्रमत सूख ही लाग॥

नैन सलोने अधर मधु, कहु रहीम घटि कौन।
मीठो भावे लोन पर, अरु मीठे पर लौन॥

पन्नग बेलि पतिव्रता, रहित सम सुनो सुजान।
हिम रहीम बेली दही, सत जोजन दहियान॥

पुरुष पूजै देवरा, तिय पूजै रघुनाथ।
कहि रहीम दोउन बने, पड़ो बैल के साथ॥

बड़े पेट के भरन को, है रहीम दुख बाढ़ि।
यातें हाथी हहरि कै, दयो दाँत द्वै काढ़ि॥

विरह रूप धन तम भए, अवधि आस उद्योत।
ज्यों रहीम भादों निसा, चमकि जात खद्योत॥

मनसिज माली कै उपज, कहि रहीम नहिं जाय।
फल श्यामा के उर लगे, फूल श्याम उर जाय॥

मन से कहाँ रहीम प्रभु, दृग सों कहाँ दिवान।
देखि दृगन जो आदरैं, मन तोहि हाथ बिकान॥

ये रहीम फीके दुवौ, जानि महा संतापु।
ज्यों तिय कुच आपन गहे, आपु बड़ाई आपु॥

रहिमन अपने गोत को, सबै चहत उत्साह।
मृग उछरत आकास को, भूमी खनन बराह॥

रहिमन अपने पेट सों, बहुत कह्यो समुझाय।
जो तू अनखाए रहे, तो सों को अनखाय॥

रहिमन इक दिन वे रहे, बीच न सोहत हार।
वायु जो ऐसी बह गई, बीचन परे पहार॥

रहिमन को कोउ का करै, ज्वारी चोर लबार।
जो पत राखनहार है, माखन चाखनहार॥

रहिमन जगत बड़ाइ की, कूकुर की पहिचानि।
प्रीति करै मुख चाटई, बैर करे तन हानि॥

रहिमन जाके बाप को, पानी पिअ़त न कोय।
ताकी गैल अकास लौं, क्यों न कालिमा होय॥

रहिमन जा डर निसि परै, ता दिन डर सब कोय।
पल-पल करके लागते, देखु कहाँ धौ होय॥

रहिमन तुम हमसों करी, करी-करी जो तीर।
बाढ़े दिन के मीत हो, गाढ़े दिन रघुबीर॥

रहिमन तीर की चोट ते, चोट परे बचि जाय।
नैन बान की चोट तैं, चोट परे मरि जाय॥

रहिमन थोरे दिनन को, कौन करे मुँह स्याह।
नहीं छनन को परतिया, नहीं करन को ब्याह॥

रहिमन नीच प्रसंग ते, नित प्रति लाभ विकार।
नीर चोरावै संपुटी, भारु सहै धरिआर॥

रहिमन ब्याह बियाधि है, सकहु तो जाहु बचाय।
पायन बेड़ी पड़त है, ढोल बजाय-बजाय॥

रहिमन रजनी ही भली, पिय सों होय मिलाप।
खरो दिवस केहि काम को, रहिबो आपुहि आप॥

रहिमन राज सराहिए, ससि सम सुखद जो होय।
कहा बापुरो भानु है, तपै तरैयन खोय॥

रहिमन वहाँ न जाइए, जहाँ कपट को हेत।
हम तन ढारत ढाकुली, सींचत अपनो खेत॥

रहिमन सो न कछू गनै, जासों लागो नैन।
सहि के सोच बेसाहियो, गयो हाथ को चैन॥

रूप कथा पद चारु पट, कंचन दोहा लाल।
ज्यों-ज्यों निरखत सूक्ष्म गति, मोल रहीम बिसाल॥

रूप बिलोकि रहीम तहँ, जहँ तहँ मन लगि जाय।
याके ताकहिं आप बहु, लेत छुड़ाय छुड़ाय॥

वहै प्रीति नहिं रीति वह, नहीं पाछिलो रेत।
घटत-घटत रहिमन घटै, ज्यों कर लीन्हे रेत॥

सबै कहावै लसकरी सब लसकर कहँ जाय।
रहिमन सेल्ह जोई सहै, सो जागीरें खाय॥

स्वारथ रचत रहीम सब, औगुनहूँ जग माँहि।
बड़े-बड़े बैठे लखौ, पथ रथ कूबर छाँहि॥

हरि रहीम ऐसी करी, ज्यों कमान सर पूर।
खैंचि आपनी ओर को, डारि दियो पुनि दूर॥

रौल बिगाड़े राज नैं, मौल बिगाड़े माल।
सनै-सनै सरदार की, चुगल बिगाड़े चाल॥

रहिमन कहत स्वपेट सों, क्यों न भयो तू पीठ।
रीते अनरीतैं करैं, भरै बिगारैं दीठ॥

यों रहीम सुख होत है, बढ़त देखि निज गोत।
ज्यों बड़री अँखियाँ निरखि, अँखियन को सुख होत॥

रजपूती चाँवर भरी, जो कदाच घटि जाय।
कै रहीम मरिबो भलो, कै स्वदेस तजि जाय॥

यों रहीम तन हाट में, मनुआ गयो बिकाय।
ज्यों जल में छाया परे, काया भीतर नाय॥

ये रहीम दर-दर फिरहिं, माँगि मधुकरी खाहिं।
यारो यारी छोड़िए, वे रहीम अब नाहिं॥

यह न रहीम सराहिए, लेन-देन की प्रीति।
प्रानन बाजी राखिए, हार होय कै जीति॥

बिधना यह जिय जानिकै, सेसहि दिए न कान।
धरा मेरु सब डोलिहैं, तानसेन के तान॥

पिय बियोग ते दुसह दुख, सूने दुख ते अंत।
होत अंत ते फिर मिलन, तोरि सिधाए कंत॥

जो रहीम जग मारियो, नैन बान की चोट।
भगत-भगत कोउ बचि गए, चरन कमल की ओट॥

जो रहीम गति दीप की, सुत सपूत की सोय।
बड़ो उजेरो तेहि रहे, गए अँधेरो होय॥

जैसी जाकी बुद्धि है, तैसी कहै बनाय।
ताको बुरा न मानिए, लेन कहाँ सो जाय॥

चिंता बुद्धि परिखए, टोटे परख त्रियाहि।
सगे कुबेला परिखए, ठाकुर गुनो किआहि॥

चाह गई चिंता मिटी, मनुआ बेपरवाह।
जिनको कछू न चाहिए, वे साहन के साह॥

खैंचि चढ़नि ढीली ढरनि, कहहु कौन यह प्रीति।
आजकाल मोहन गही, बसंदिया की रीति॥

कौन बड़ाई जलधि मिलि, गंग नाम भो धीम।
काकी महिमा नहिं घटी, पर घर गए रहीम॥

कदली सीप भुजंग मुख स्वाति एक गुन तीन।
जैसी संगति बैठिए, तैसोई फल द्रीन॥

एक उदर दो चोंच है, पंछी एक कुरंड।
कहि रहीम कैसे जिए, जुदे-जुदे दो पिंड॥

अनकीन्ही बातें करै, सोवत-जागै जोय।
ताहि सिखाय जगायबो, रहिमन उचित न होय॥

□

संदर्भ ग्रंथ

रहीम की जीवनी और काव्य में निम्नलिखित ग्रंथों से संदर्भ लिये गए। इनका हम हृदय से आभार व्यक्त करते हैं :

1. खानखानानामा : मुंशी देवी प्रसाद, भारत मित्र प्रेस, कलकत्ता।
2. महान् मुगल अकबर : विंसेट स्मिथ, अनुवादक राजेंद्र प्रसाद नागर, हिंदी समिति, सूचना विभाग, लखनऊ।
3. ए शॉर्ट हिस्ट्री ऑफ इंडिया : डॉ. ईश्वरी प्रसाद।
4. हिंदी साहित्य का बृहत् इतिहास; नागरी प्रचारिणी सभा, वाराणसी।
5. रहीम रत्नावली : सं. मायाशंकर याज्ञिक, साहित्य सेवा सदन, वाराणसी।
6. रहिमन शतक : सं. सूर्यनारायण त्रिपाठी, खेमराज श्रीकृष्णदास, बंबई।
7. रहिमन विलास : सं. ब्रजरत्नदास, रामनारायणलाल बुक सेलर, इलाहाबाद।
8. रहीम : सं. रामनरेश त्रिपाठी, हिंदी मंदिर, प्रयाग।
9. रहीम ग्रंथावली : सं. विद्यानिवास मिश्र, गोविंद रजनीश, जैनिथ पब्लिशर्स, नई दिल्ली।
10. वाग्विलास : कृष्ण शर्मा, हरिप्रकाश यंत्रालय, काशी।
11. http://tdil.mit.gov.in/coilnet/ignca/rahim.htm
12. हुमायूँनामा : गुलबदन बेगम, अनुवादक ब्रजरत्नदास, नागरी प्रचारिणी सभा, काशी।